FOLIO JUNIOR

théâtre

La Place de l'Étoile

de l'Étoile

antipoème

Robert Desnos

Petit carnet de mise en scène
de Michel Arbatz

Gallimard Jeunesse

Sommaire)

— Regardez, mon fils ; que l'on me cache le reste du corps
et je pourrai passer pour un chérubin
qui plane dans les airs.

James Beresford

1

Le bar

LE BARMAN
12 janvier, anniversaire pour moi.

UN BUVEUR
Anniversaire ?

LE BARMAN
Anniversaire.

UN BUVEUR
Anniversaire de quoi ?

LE BARMAN
Un anniversaire… comme ça.

AUTRE BUVEUR
Une femme ?

LE BARMAN

Vous êtes étonnants tous, avec les femmes. Un anniversaire ? de quoi ? une femme, une femme naturellement… Misère !

AUTRE BUVEUR

Alors, cet anniversaire ? De quoi est-ce l'anniversaire ?

LE BARMAN

Un anniversaire pour moi.

PREMIER BUVEUR

Grand mystérieux, va.

TROISIÈME BUVEUR

Laissez-lui ses secrets, quoi !

LE BARMAN

Oh ! des secrets, vous savez…

DEUXIÈME BUVEUR

Bon… bon… Chasseur ! Le phono.

LE BARMAN

Ça vous amuse, hein, ce machin-là.

PREMIER BUVEUR
   Ça tue le temps.

LE BARMAN
   Tuer le temps… misère !

LE PHONO
   « Plaisir d'amour ne dure qu'un moment. »

LE CHASSEUR
   Mauvaise aiguille.

DEUXIÈME BUVEUR
   Drôle de chanson.

LE BARMAN
   Une femme…

PREMIER BUVEUR
   C'est pas un air pour jouer dans un bar.

TROISIÈME BUVEUR
   Et puis cette mécanique. Toujours cette mécanique.
   Plaisir d'amour ne du-u-re qu'un moment. Tuer le
   temps.

LE CHASSEUR
   Alors ?

PREMIER BUVEUR

Laisse ça, laisse ça.

Entre Maxime. Il traverse le bar, passe devant un consomma-
teur assis, revient sur ses pas et s'arrête devant lui.

MAXIME

Vous, je voulais vous voir.

LE CONSOMMATEUR

Je me demande pourquoi, Maxime. Nous nous en
passons bien.

MAXIME

Si je voulais vous voir pour vous dire que vous êtes
une fripouille et un veau.

LE CONSOMMATEUR, *se levant*

Non, mais, grossier personnage ! fripouille !

MAXIME, *le giflant*

Pignouf ! Ordure !

Bataille, table renversée. On entend le bruit mat des coups de
poing et la voix de Maxime répétant : ordure ! ordure ! ordure !
Les buveurs du bar se retournent ; le barman et le garçon sépa-
rent les combattants. Le chasseur rentre avec un agent.

LE BARMAN

On n'a pas idée de se battre comme ça.

MAXIME

Tu l'as eu, mon poing sur la gueule, espèce de sali-
gaud !

LE CONSOMMATEUR

Vous allez me payer ça. Et puis d'abord, je vais vous
faire arrêter, voleur ! voyou !
Voyant l'agent :
Monsieur l'agent, arrêtez cet homme-là tout de
suite.

L'AGENT

D'abord j'ai pas d'ordre à recevoir. Vos papiers.

LE CONSOMMATEUR, *riant jaune*

Les voici, mais vous ne les demandez pas à cet indi-
vidu.

MAXIME

Mouchard, bourrique.

L'AGENT, *au consommateur*

J'ai pas d'ordre à recevoir de vous. Non, mais,
voyez-vous ça, faire du scandale ! D'abord, qu'est-ce
qu'il vous a volé ?

MAXIME

Je ne lui ai rien volé.

L'AGENT, *au consommateur*

Qu'est-ce qu'il vous a volé?

LE CONSOMMATEUR

Il ne m'a rien volé. Mais cet individu…

L'AGENT

Pourquoi le traitez-vous donc de voleur, alors? Il peut porter plainte.

LE CONSOMMATEUR

Vous avez parfaitement raison; c'est dans le feu de la colère.

L'AGENT

Oh! pas de boniments! En colère ou pas, c'est pas la peine de faire du scandale. Sortez d'ici. *À Maxime :* Vous voulez porter plainte?

MAXIME

Moi? Non.

LE CONSOMMATEUR

Eh bien! elle est forte, celle-là.

L'AGENT

Comment, elle est forte? Allez, sortez d'ici.

Le garçon

Attendez qu'il me paye.

L'agent

Il paiera dehors.

Il pousse le consommateur dans la rue; le garçon les suit. Maxime hausse les épaules, va pour s'asseoir à une table, voit Fabrice qui s'est levée pendant l'incident et qui s'est approchée.

Premier buveur

Est-il bête, cet agent !

Le barman

Moi, je trouve ça rigolo.

Troisième buveur

C'est bien fait pour le gros : un homme ne doit jamais en livrer un autre à la police.

Maxime

Fabrice !

Fabrice

Bonsoir… Toujours le même.

Maxime

Ça me fait du bien, tu sais.

FABRICE

Que t'a-t-il fait, ce bonhomme-là ?

MAXIME

Oh ! ce serait trop compliqué et pas intéressant.

PREMIER BUVEUR, *au barman*

Qu'est-ce qu'il lui a mis, au gros, le petit.

TROISIÈME BUVEUR

Vous le connaissez ?

LE BARMAN

On le voit de temps en temps.

DEUXIÈME BUVEUR

Savez-vous pourquoi ils se sont battus ?

LE BARMAN

Non.

TROISIÈME BUVEUR

Une femme…

LE BARMAN

Une femme !… Misère !

FABRICE

Tu restes un moment ?

MAXIME

Tant que tu voudras. Que deviens-tu ? Heureuse ?
Contente ?

FABRICE

Oh ! moi… tu sais…

MAXIME

Toujours la même.

*Long silence. On entend le bruit des voitures et par instants les
conversations des buveurs.*

PREMIER BUVEUR

La petite Lili, vous savez ?

DEUXIÈME BUVEUR

Quoi ? La petite Lili ?

LE BARMAN

Misère…

PREMIER BUVEUR

Eh bien, je ne sais pas ce qu'elle est devenue.

TROISIÈME BUVEUR
Riche?

DEUXIÈME BUVEUR
Pauvre?

LE BARMAN
Lili? Riche… Pauvre… Misère…

FABRICE
Et toi, Maxime? Toujours le même? toujours…

MAXIME
Fabrice, ne ris pas. Je ne suis pour toi que… Et puis, rien.

FABRICE
Tu n'es que?…

MAXIME
Rien, rien et rien. Et pourtant tu m'aimeras.

FABRICE
Toujours le même!

MAXIME
Toujours.

FABRICE

Impossible !

PREMIER BUVEUR

Cette petite Lili, tout de même.

DEUXIÈME BUVEUR

Tout de même quoi ?

PREMIER BUVEUR

Sais pas.

TROISIÈME BUVEUR

Vous me faites rigoler avec vos conversations à la noix.

LE BARMAN

Oh ! On parle comme ça. Faut bien tuer le temps.

FABRICE

Maxime, j'attends… j'attends quelqu'un.

MAXIME

Excuse-moi de te déranger. J'ai d'ailleurs un rendez-vous très pressé et que j'oubliais. Je te remercie de me le rappeler. À bientôt, Fabrice.

TROISIÈME BUVEUR
Tiens, il s'en va, le petit jeune.

LE BARMAN
Misère !

2

La chambre de Maxime. Lit, table, plusieurs armoires, fauteuils, chaises, une fenêtre et une porte. La chambre est vide. Maxime entre, retire son pardessus, son chapeau. Il a l'air de chercher quelque chose. Finalement il s'assoit dans le fauteuil. Arthur entre sans faire de bruit et reste immobile derrière lui.

MAXIME
Arthur !

ARTHUR
Monsieur ?

MAXIME
Mon étoile de mer.

ARTHUR
L'étoile de mer de Monsieur ? Elle était sur la cheminée. Tiens, elle n'y est plus.

MAXIME

Où est-elle, alors ?

ARTHUR

Sais pas.

MAXIME

Ah ! Ah ! sais pas, sais pas. Pourquoi les choses inertes contrarient-elles toujours les désirs de l'homme ? Eh bien, il faut la trouver, l'étoile de mer.

Arthur et Maxime cherchent l'étoile de mer. Ils retournent le lit, les tapis, bouleversent les armoires, d'où ils sortent un amas d'objets hétéroclites : papiers, livres, vêtements, objets en fer-blanc, cages à oiseaux, éventails, plumes d'autruches, etc., qui parfois s'écroulent sur leur tête.

MAXIME

Cette étoile, il me la faut. Je la veux ce soir. Je ne m'arrêterai que lorsque je l'aurai trouvée.

ARTHUR

Bien, Monsieur.

MAXIME

Enfin, où est-elle ? Je démolirai la maison…

Ils cherchent.

ARTHUR, *il prend l'étoile sur la cheminée.*
Monsieur, la voilà.

MAXIME
Où était-elle ?

ARTHUR
Sur la cheminée.

MAXIME
Vous aviez regardé tout à l'heure, pourtant.

ARTHUR
Oui, Monsieur.

MAXIME
Alors ?

ARTHUR
Monsieur ?

MAXIME
Alors ? Alors comment se fait-il que vous ne l'ayez
pas vue ?

ARTHUR
Parce qu'elle n'y était pas.

MAXIME

Elle y est venue toute seule ?

ARTHUR

Sais pas.

MAXIME

Sais pas ! Sais pas ! Vous pouvez vous retirer.

ARTHUR

Bien, Monsieur.

Il sort.

MAXIME, *assis devant la cheminée, l'étoile de mer dans la main*

Cinq branches ! Cinq doigts dans une main, cinq sens, voilà. Ça ne veut rien dire, mais ce n'est pas complètement imbécile.

Un temps.

J'affirme que ce n'est pas complètement imbécile !

Un temps.

Fabrice. Voilà. Ah ! fichtre non, ce n'est pas complètement imbécile.

La porte s'ouvre : entre le premier buveur.

PREMIER BUVEUR

Bonjour.

MAXIME
Vous êtes entré par la porte?

PREMIER BUVEUR
Par où fallait-il entrer?

MAXIME
Par la porte.

PREMIER BUVEUR
Eh bien?

MAXIME
Eh bien? Eh bien, rien.
Silence.
Vous désirez quelque chose?

PREMIER BUVEUR
Donnez-moi votre étoile de mer.

MAXIME
Vous voulez rire.

PREMIER BUVEUR
Je vous en prie, donnez-la-moi.

MAXIME
C'est une comédie.

PREMIER BUVEUR

Donnez-moi votre étoile de mer.

MAXIME

Non, non et non! Vous m'entendez? Non!

PREMIER BUVEUR, *tombant à genoux*

Maxime, au nom de la vie et de la mort, don-
nez-moi votre étoile de mer.

MAXIME

Non!

PREMIER BUVEUR, *se relevant*

Tant pis!
Il sort.

MAXIME

Ah! non alors, non, non et non.
La porte s'ouvre : entre un des sergents de ville.

SERGENT DE VILLE

Monsieur!

MAXIME

Quoi encore?

SERGENT DE VILLE

Voudriez-vous me donner votre étoile de mer?

MAXIME

Mais, enfin, que signifie cette mascarade? Vous n'au-
rez pas l'étoile de mer et vous ne l'aurez pas, c'est
net.

SERGENT DE VILLE, *à genoux*

Au nom de ma défunte femme et de ma petite fille
au berceau, donnez-moi votre étoile de mer!
Durant ce temps entre Arthur.

ARTHUR

Monsieur désire?

MAXIME

Mais, nom de Dieu! Je ne désire rien. Laissez-moi.
Arthur sort.

SERGENT DE VILLE, *toujours à genoux*

Donnez-moi votre étoile de mer!
Entrent les deuxième et troisième buveurs.

DEUXIÈME ET **T**ROISIÈME BUVEURS, *ensemble*

Ne la lui donnez pas.

MAXIME
Soyez sans crainte.

DEUXIÈME ET TROISIÈME BUVEURS, *ensemble*
Donnez-la-moi !

DEUXIÈME BUVEUR
À moi, pas à lui !

TROISIÈME BUVEUR
Non, à moi !

MAXIME
Mais enfin, que signifie ?

SERGENT DE VILLE
C'est à moi qu'il faut la donner.

MAXIME
Non.

DEUXIÈME BUVEUR
Vous voyez, inutile d'insister.

TROISIÈME BUVEUR
Là. C'est à moi qu'il la donnera.

MAXIME

À personne.

SERGENT DE VILLE, *se relevant et s'adressant aux deux buveurs*

C'est votre faute. Je vous arrête. *Il les prend chacun par un bras.* Ça va vous coûter cher.

Entre un barman.

LE BARMAN

Et toutes ces histoires pour une étoile de mer.

L'agent et les deux buveurs sortent au moment où entre le chasseur.

LE BARMAN, *au chasseur*

Que fais-tu ici ?

LE CHASSEUR

Ne parlez pas si haut. Je viens chercher une étoile, une belle étoile de mer à cinq branches. Une magnifique étoile de mer encore toute salée et charnue. Presque vivante. Je viens…

LE BARMAN

Tu n'es pas un peu malade ?

LE CHASSEUR

Chut ! Pas si haut. Je vais la voler sans qu'il me voie.

LE BARMAN

Je vais te tirer les oreilles. *Hurlant :* Galopin !
Ils sortent en se bousculant.

LE BARMAN, *refermant la porte*

Misère ! Tout ça pour une épave…
Silence.

MAXIME, *seul*

Cinq doigts, cinq sens, cinq branches. Fabrice !

FABRICE, *entrant*

Maxime ?

MAXIME, *debout*

C'est juste. Donne-moi ta main, tes mains… *Il lui
baise les mains…* Deux étoiles.

FABRICE

Toujours le même !

MAXIME

Toujours… Fabrice, je te donne ce que j'ai de plus
cher au monde. Une étoile de mer. Cinq branches,
cinq doigts, cinq sens…
Il lui donne l'étoile.

FABRICE

Comme elle est jolie ! Si délicate, si charnue. Elle
sent le sel. Elle est comme une chatte. Elle sent aussi
les profondeurs marines. Comme elle est jolie…

MAXIME

Je te la donne.

FABRICE

Oui, Maxime, et je t'en remercie. Mais que veux-tu
que j'en fasse ? Je risque de l'abîmer en dansant, de
briser les pointes fragiles. Non, garde-la. Elle est
mieux chez toi. Ne te fâche pas.
J'aime mieux la savoir là. Je viendrai la voir. Ne te
fâche pas. Tu es toujours le même. Je reviendrai la
voir. Je te le jure.

MAXIME

Elle sera toujours là.
Il ouvre la fenêtre. On entend le bruit d'une auto dans la rue.
Elle sera toujours là.
Il prend l'étoile et la jette par la fenêtre.

FABRICE

Toujours le même.

MAXIME

Toujours. Au revoir, ma pauvre chérie.

Fabrice sort.

MAXIME, *seul*

Ça n'est pas tout de même complètement imbécile.
Entre le sergent de ville.

SERGENT DE VILLE

Monsieur, je viens de trouver, en bas, sur le trottoir, sous votre fenêtre, en passant, votre étoile de mer. Je vous la rapporte.

MAXIME

C'est juste. Merci !
Le sergent de ville sort. Entrent les trois buveurs.

ENSEMBLE

Monsieur !

MAXIME

Encore vous ! Je vous croyais arrêtés.

ENSEMBLE

Non. Nous avons trouvé…

MAXIME

Quoi encore ?

ENSEMBLE

… L'étoile de mer.

Ils lui donnent chacun une étoile de mer.

MAXIME

C'est juste, merci !

Ils sortent, sauf Maxime. Le chasseur entre.

LE CHASSEUR

Monsieur, monsieur, monsieur, je vous apporte votre étoile… votre étoile de mer.

Entrent douze garçons de café porteurs de plateaux surchargés d'étoiles de mer. Il y en a des centaines qu'ils déposent un peu partout : sur les meubles, sur la cheminée, etc.

LE CHASSEUR

Voilà.

MAXIME

Merci !

LE BARMAN, *entrant*

Misère de misère ! Quelle nuit ! Quelle nuit ! Ah ! Elles sont toutes là. Qu'elles y restent. Impossible de marcher dans les rues encombrées d'étoiles de mer. Maintenant, sortons.

Le barman, le chasseur et les garçons de café sortent.

MAXIME, *seul*
C'est juste.

ARTHUR, *entrant*
Eh bien! Ça va être commode de faire le ménage maintenant.

MAXIME
Arthur!

ARTHUR
Monsieur?

MAXIME
Vous pouvez disposer.

3

Au bar.

PREMIER BUVEUR
À propos, qu'est-il devenu?

TROISIÈME BUVEUR
Il est mort.

PREMIER BUVEUR

De quoi est-il mort?

DEUXIÈME BUVEUR

Lui mort? Quand ça?

TROISIÈME BUVEUR

Il est mort il y a quatre ou cinq mois, mais je ne sais pas de quelle maladie.

PREMIER BUVEUR

Vous êtes sûr?

DEUXIÈME BUVEUR

Ne le croyez pas. Je l'ai rencontré en chair et en os il y a huit jours.

TROISIÈME BUVEUR

C'est impossible. Je suis allé à son enterrement.

DEUXIÈME BUVEUR

Et moi, je vous dis que je l'ai rencontré. Je lui ai même parlé. C'est bien lui. Je ne suis pas fou, peut-être? Il avait le même chapeau déformé de cette façon singulière que vous connaissez, ses vêtements également déformés par son corps. Un homme ne déforme pas ses vêtements comme son voisin. Il y a toujours la marque de notre corps dans les modifications que subissent les costumes que nous portons.

FABRICE

En Espagne… J'aime les courses de taureaux. Et puis cette atmosphère très spéciale, si étonnante… les femmes…

TROISIÈME BUVEUR

Et moi non plus, je ne suis pas fou. Je suis allé à son enterrement. J'ai vu son cadavre, je l'ai vu mourir.

PREMIER HOMME

Comme vous avez raison, Fabrice… Le soleil, la chaleur, quoi de plus beau ?

FABRICE

Vous n'avez rien compris. Je n'ai jamais dit cela.

DEUXIÈME BUVEUR

Je l'ai rencontré. Il avait une boîte à violon sous le bras.

DEUXIÈME HOMME

Oui, Fabrice, je vous comprends, moi. Le peuple espagnol serait si beau s'il était transporté en Norvège !

FABRICE

Vous, vous êtes un bon garçon…

PREMIER BUVEUR

Il savait jouer du violon ?

FABRICE

… C'est-à-dire un imbécile.

Elle lui tourne le dos.

TROISIÈME BUVEUR

Je ne sais pas, mais je ne crois pas.

DEUXIÈME BUVEUR

Je ne dis pas qu'il y avait un violon dans la boîte. On peut s'en servir pour mettre autre chose… des provisions.

LE BARMAN

J'ai un client, en effet, qui faisait son marché avec une boîte à violon.

FABRICE, *au troisième homme*

Vous ne dites rien, vous, alors ? Pas de Norvège ? Pas d'Espagne ?

TROISIÈME HOMME

Oh ! moi, vous savez, je ne suis pas un voyageur.

PREMIER BUVEUR

Enfin, est-il mort, est-il vivant?

FABRICE

Ce n'est pas une raison pour ne pas parler de la
Norvège.

TROISIÈME HOMME

Je ne comprends pas.

FABRICE

C'est pourtant simple.

TROISIÈME BUVEUR

Enfin il y a une chose certaine : les fantômes n'exis-
tent pas.

LE BARMAN

Les fantômes n'existent pas? J'ai eu un client...
La fin de la phrase est couverte par la voix de Fabrice.

FABRICE

Vous ne comprenez pas que c'est simple?

DEUXIÈME BUVEUR

C'est des histoires. Les fantômes n'existent pas :
donc il est vivant.

TROISIÈME BUVEUR

Donc il est mort.

PREMIER BUVEUR

Les fantômes n'existent pas ? bien sûr ? n'existent
pas…

LE BARMAN

Misère ! Les fantômes n'existent pas, maintenant !

TROISIÈME HOMME

Non, je ne comprends pas, mais je sais que vous avez
une jolie robe et que vous êtes belle, et que vous
avez des yeux extraordinaires.

FABRICE

Allez toujours, mon bonhomme.

TROISIÈME HOMME

Pourquoi ne pas me croire, chère Fabrice ? Vous êtes
belle et puis vous avez des attaches fines comme
votre esprit.

FABRICE

N'est-ce pas, comme c'est simple.

TROISIÈME HOMME

Vous ne me croyez pas sincère ?

FABRICE
Oh! que si.

TROISIÈME HOMME
Alors?

FABRICE
Alors, c'est vous qui me prenez pour une imbécile.

TROISIÈME HOMME
Oh! Fabrice.

FABRICE
À tout à l'heure.
Elle se dirige vers le bar.

LE BARMAN, *aux buveurs*
Vous ne parliez peut-être pas de la même personne?

DEUXIÈME BUVEUR
Mais si.

FABRICE, *elle s'assoit au bar.*

MAXIME, *qui s'est approché.*
Bonjour, Fabrice.

FABRICE
Bonjour. Quelles nouvelles ?

MAXIME
Mais rien, naturellement… on s'ennuie.

FABRICE
Ah ! l'ennui !…

PREMIER BUVEUR
Les fantômes. Les fantômes…
Silence.

FABRICE
Et l'amour ?

MAXIME
Toujours le même.

FABRICE
Pas raisonnable.

MAXIME
Trop raisonnable.
Pendant ce temps Athénaïs s'est approchée de Maxime et lui met brusquement les mains devant les yeux.

ATHÉNAÏS

Qui est-ce ?

MAXIME

Athénaïs, naturellement.

ATHÉNAÏS

Gagné !

MAXIME

Ma chère Fabrice, voici Athénaïs. Je vous laisse ensemble.

Il s'éloigne.

FABRICE

Pourquoi s'en va-t-il si vite ?

TROISIÈME BUVEUR

Athénaïs ? C'est un nom de fantôme.

ATHÉNAÏS

Comme je suis heureuse de vous connaître. Les amis de Maxime m'ont souvent parlé de vous. J'étais un peu jalouse.

FABRICE

Maxime vous parle de moi ?

ATHÉNAÏS

Jamais. Il y a longtemps que vous connaissez
Maxime ? Drôle d'homme, n'est-ce pas ? Il reste
quelquefois des heures à regarder ses étoiles de mer
et ses mains sans rien dire. Il est gentil, n'est-ce pas ?
Il y a longtemps que vous le connaissez ? Et puis,
moi je trouve qu'il a une figure qu'on peut aimer…
Moi, je vous ai déjà vue. Tenez, vous avez une robe
rouge foncé, n'est-ce pas, avec du petit galon ? Et
puis, j'ai un ami, je ne sais plus lequel, qui vous a
rencontrée, je ne sais plus où.

Et Maxime, il y a longtemps que vous le connais-
sez ? J'étais un peu jalouse. Oh ! moi, je ne suis pas
méchante. Je voudrais être une bonne amie pour
vous.

FABRICE

C'est aussi mon avis. Alors, vous étiez un peu jalouse
et vous ne l'êtes plus ?

ATHÉNAÏS

Mais non. Est-ce qu'on sait pourquoi ? Vous, vous
êtes une femme qu'on respecte. Et puis, si entourée !
Avec qui étiez-vous tout à l'heure ? Ils ont l'air très
bien, ces trois garçons-là. Vous voudrez me les pré-
senter ?

FABRICE

Rien n'est plus facile. Ainsi Maxime ne vous parle jamais de moi?

ATHÉNAÏS

Mais non. Lui, vous savez, ses étoiles de mer et ses bouteilles. Et puis, il regarde ses mains. Une drôle de vie. Oh! Pas méchant, bien sûr. Dites, pourquoi se bat-il toujours avec quelqu'un? Moi, je vis en bonne amie avec tout le monde. Chacun ses idées, n'est-ce pas? Mais je l'aime bien. Après tout, j'ai peut-être des idées bizarres, mais je crois que je l'aime par curiosité.

FABRICE

Mais pourquoi étiez-vous jalouse?

ATHÉNAÏS

Je ne sais pas.
Durant ce temps, les trois hommes se sont approchés.

PREMIER HOMME

Alors, Fabrice, vous m'en voulez toujours?

FABRICE

Mais non, bien sûr, mais non.

DEUXIÈME HOMME
Et à moi non plus ?

TROISIÈME HOMME
Et à moi ?

FABRICE
Mais non, mais non. Êtes-vous bizarres !

DEUXIÈME HOMME
Alors, finissons la soirée ensemble.

ATHÉNAÏS
Maxime ! Maxime !

MAXIME
Eh bien !

ATHÉNAÏS
Fabrice s'en va.

FABRICE
Bonsoir, Maxime, à bientôt.

MAXIME
À bientôt.

ATHÉNAÏS

Au revoir, à bientôt. Je voudrais tant être une bonne amie pour vous.

FABRICE

C'est cela même, bonsoir.

ATHÉNAÏS

Maxime.

MAXIME

Quoi donc ?

ATHÉNAÏS

Pourquoi ne me parlais-tu jamais de Fabrice ? J'étais un peu jalouse, tu sais.

MAXIME

Jalouse, jalouse… toutes les mêmes.

ATHÉNAÏS

Nous nous en allons ?

PREMIER BUVEUR

Enfin, je voudrais bien savoir ce qu'il pouvait faire avec une boîte à violon.

LE BARMAN
Oh! moi, vous savez, vos histoires de brigands…

TROISIÈME BUVEUR
Les fantômes n'existent pas.

4

La chambre de Maxime
Maxime seul

MAXIME
Coucher seul! Quel délice!
Entre Athénaïs en costume 1860.

ATHÉNAÏS
Suis-je belle, Maxime?

MAXIME
Comme un rayon de lune.

ATHÉNAÏS
Pourquoi ne me parles-tu jamais de Fabrice?…

MAXIME

Tu es un peu jalouse, n'est-ce pas?

ATHÉNAÏS

Non, j'ai peur. Toujours regarder les étoiles de mer, et puis tes mains. Il y a trop d'étoiles de mer, trop de choses de la mer ici. Mes bijoux de corail, et puis cette glace, et puis encore toute cette pièce…

MAXIME

Regarde le lit. Cette écume de drap qui s'écroule sur l'oreiller, et qui nous noiera. C'est un beau voyage, tu sais, avec assurance de naufrage.

ATHÉNAÏS

Maxime, Maxime, ne parle pas ainsi, j'ai peur de la mer, j'ai peur de la nuit. Oserai-je encore me coucher?

On entend dans la rue le chant lointain d'un cor de chasse.

MAXIME

Il n'y a pourtant pas de forêt par ici.

L'horloge sonne un coup.

ATHÉNAÏS

Ce cor de chasse, ces étoiles de mer… Ah! tout cela porte malheur.

MAXIME

Mais quoi, quel costume ! Pourquoi ce costume,
Athénaïs ?

*Rumeur dans la rue. Cris « Au feu ! », bruits de pas, vitres
brisées.*

ARTHUR, *entrant*

Monsieur ! Monsieur ! L'escalier est coupé.

MAXIME

L'escalier est coupé ?

ARTHUR

Oui, Monsieur. Le feu ! Le feu !

MAXIME

Le feu ?

ARTHUR

Il y a un incendie dans la maison. L'escalier est
coupé par les flammes. Nous sommes perdus.

ATHÉNAÏS

Ciel !… Oh ! brûlée vive !

Elle pleure.

*Maxime ouvre la porte. On entend un fracas de verre brisé.
Il ouvre la fenêtre. On entend des cris : « Sauvez-vous !*

Sauvez-vous ! Il y a le feu ! » *Bruit lointain de trompe de pompiers.*

MAXIME

Il faut sauter par la fenêtre. *Criant.* Apportez un matelas !

ARTHUR

Monsieur, Monsieur ! Je n'oserai jamais.

MAXIME

Je ne vous demande pas votre avis.
Il le bouscule et le jette littéralement par la fenêtre.

MAXIME

Athénaïs, à ton tour.

ATHÉNAÏS

Jamais ! Jamais ! J'aime mieux mourir.

MAXIME

Ah ! que ces gens m'agacent.
Il prend Athénaïs dans ses bras et la porte à la fenêtre.

VOIX DANS LA RUE

Allez–y, n'ayez pas peur.
Maxime jette Athénaïs et monte sur la barre d'appui.

Voix dans la rue
Oh!... Allez-y!

Maxime se jette dans la rue. Pendant ce temps, les trompes des pompiers se sont accrues. Leur bruit emplit la rue et la pièce. Une échelle rouge monte devant la fenêtre. Un pompier passe sur elle sans s'arrêter. La pendule sonne deux coups. Un pompier entre par la porte, une hache à la main, suivi d'un autre qui tire un tuyau d'incendie.

Premier pompier
Rien ici.

Deuxième pompier
C'est curieux, ça brûle en dessous et au-dessus, et pas ici.

Premier pompier
Et le feu qui a eu l'air de s'arrêter tout à coup quand le type a sauté.
Silence.

Deuxième pompier
En voilà, une collection d'étoiles!

Premier pompier
Ça doit être un pêcheur.

DEUXIÈME POMPIER

J'ai soif!

PREMIER POMPIER

Quel métier! Éteindre le feu. Je vous demande un peu! À quoi cela sert-il?

DEUXIÈME POMPIER

Toi, tu es un maniaque.

Silence. Entre Maxime.

MAXIME

Bonsoir. Je ne vous dérange pas?

PREMIER POMPIER

Non, non. Vous avez de la chance. Rien n'a brûlé chez vous.

DEUXIÈME POMPIER

On dirait que vous avez éteint le feu en sautant par la fenêtre.

MAXIME

Oh! vous savez, le feu et moi nous sommes de bons camarades.

PREMIER POMPIER

Enfin, monsieur, nous vous souhaitons le bonsoir.

Deuxième pompier

Pardon, monsieur, vous êtes pêcheur?

Maxime

Pourquoi?

Deuxième pompier

Toutes ces étoiles de mer…

Maxime

C'est juste, je suis pêcheur, en effet.

Premier pompier

Enfin, vous avez eu de la chance de ne pas vous tuer
en vous jetant par la fenêtre. Ç'aurait été d'autant
plus bête que le feu n'est pas venu ici.

Maxime

Oui, en effet.

Les pompiers

Bonsoir, Monsieur…

Ils sortent. Arthur, Athénaïs entrent.

Arthur

Je tiens à remercier Monsieur de ce qu'il m'a sauvé
la vie.

MAXIME

C'est-à-dire que j'ai failli vous tuer.

ARTHUR

Oh ! non. J'ai idée que si on était resté, nous étions flambés, c'est le cas de le dire.

MAXIME

Mais non.

ARTHUR

Enfin, on voit que Monsieur est courageux. Il fallait prendre vite une décision et je tiens à remercier Monsieur, bien que Monsieur m'ait donné un fameux coup de poing.

MAXIME

Vous pouvez disposer.

ARTHUR

En vous remerciant encore, Monsieur.

ATHÉNAÏS

Mon chéri, mon chéri, comme tu tiens à la vie, toi... Tu m'aimes donc que tu m'as jetée comme ça ? Oh ! je te verrai toujours au-dessus de moi et moi dans tes bras et la rue en dessous et la foule et les pompiers et vlan... dans le matelas. Dis, tu

m'aimes donc? Et quand tu es monté sur la fenêtre.
Oh! j'ai fermé les yeux, tu sais, et quand je les ai
rouverts, tu étais là, les mains dans les poches et la
cigarette à la bouche.

MAXIME

Que voulais-tu faire?

ATHÉNAÏS

Tu veux venir au bar? Je voudrais le raconter aux
amis.

MAXIME

Vas-y toute seule. Je suis fatigué.

ATHÉNAÏS

Vrai, tu ne veux pas venir? Oui, va, repose-toi. Dans
une heure, je serai revenue.

MAXIME

C'est cela.
Athénaïs sort.

MAXIME

Ah çà! Est-ce que je rêve?

ARTHUR

Je puis affirmer à Monsieur que Monsieur ne rêve pas.

5

Au bar.

LE BARMAN
Alors, vous n'êtes toujours pas d'accord ?

PREMIER BUVEUR
Non !

DEUXIÈME BUVEUR
Non !

TROISIÈME BUVEUR
Si, nous pensons tous les trois que les fantômes n'existent pas.

DEUXIÈME BUVEUR
Donc, il n'est pas mort.

TROISIÈME BUVEUR
Donc, il est mort.

LE BARMAN
Ah ! vous en êtes encore là !

PREMIER BUVEUR

Quelle chienne de vie ! Pas même capables de savoir si un de nos camarades est mort ou vivant...

DEUXIÈME BUVEUR

Sentir son pied glisser sur le dos d'un crapaud pris pour une pierre au crépuscule...

TROISIÈME BUVEUR

Mettre le pied dans une ornière et éclabousser la femme qu'on aime...

PREMIER BUVEUR

Au théâtre être assis derrière un géant large comme une commode et haut comme une armoire...

DEUXIÈME BUVEUR

Au moment de prendre le train, s'apercevoir qu'on a omis de se munir de cigarettes...

TROISIÈME BUVEUR

S'approcher d'une femme qui, vue de dos, paraît être charmante et découvrir en la dévisageant le visage stigmatisé d'une vieille putain...

PREMIER BUVEUR

Monter un escalier avec des pantoufles si grandes

qu'il s'en échappe une à chaque marche, du rez-de-chaussée au septième étage…

DEUXIÈME BUVEUR
Manger un tout petit œuf dans une timbale en guise de coquetier…

TROISIÈME BUVEUR
Se trouver au café à côté d'un hurluberlu qui tout à la fois se balance sur sa chaise, agite le pied comme un rémouleur, bat la mesure sur la table avec son doigt et sifflote un air guerrier…

PREMIER BUVEUR
Essayer, en hiver, d'étaler du beurre froid sur du pain tendre…

DEUXIÈME BUVEUR
Avoir des jarretelles qui glissent…

TROISIÈME BUVEUR
Être assis sur un fauteuil dont un pied manque tandis que le fond incliné vous renvoie sans cesse vers le bord…

PREMIER BUVEUR
Porter un pantalon dont la jambe gauche, contrairement à l'usage, est manifestement trop étroite…

Deuxième buveur

Laisser tomber, en se rasant, le savon mouillé qui, chaque fois qu'on le reprend, s'échappe et finit par se réfugier sous un meuble d'où il ressort entouré de poussières, de poils et de plumes…

Troisième buveur

Chienne de vie !

Le barman

Avoir des clients tels que vous. Ah ! Vous n'êtes pas drôles.

Deuxième buveur

Non, nous ne sommes pas drôles.
Silence.

Premier buveur

Non.

Le barman

Tiens ! un musicien…
Entre un personnage vêtu d'un costume déformé portant une boîte à violon sous le bras.

Deuxième buveur, *après s'être retourné, s'adressant au troisième*

Mille francs qu'il n'est pas mort.

TROISIÈME BUVEUR
Pari tenu.

DEUXIÈME BUVEUR
Retournez-vous, il est derrière vous.

TROISIÈME BUVEUR
Par exemple !

PREMIER BUVEUR
Je ne suis pas tout à fait sûr que ce soit lui.

DEUXIÈME BUVEUR
Gérard ?

GÉRARD
Monsieur ?

DEUXIÈME BUVEUR
Pourquoi m'appelles-tu Monsieur ?

GÉRARD
Parce que je ne vous connais pas.

TROISIÈME BUVEUR
Hé ! Hé ! J'ai gagné.

DEUXIÈME BUVEUR
Pardon, vous êtes bien Gérard. Tu ne me reconnais pas ? Gustave ?

GÉRARD
Non.

DEUXIÈME BUVEUR
Tu ne reconnais pas non plus Gabriel et Gaspard ?

GÉRARD
Non, pourtant il me semble avoir déjà vu Monsieur.

PREMIER BUVEUR
C'est drôle, je ne suis pas du tout sûr de vous connaître. Pourtant si vous n'êtes pas Gérard, vous lui ressemblez.

GÉRARD
Je m'appelle Gérard.

PREMIER BUVEUR
C'est inconcevable.

GÉRARD
Il me semble vous connaître, mais je ne me rappelle plus dans quelles conditions nous nous sommes rencontrés.

TROISIÈME BUVEUR

Enfin, j'ai gagné mon pari.

DEUXIÈME BUVEUR

Pas du tout, c'est Gérard.

LE BARMAN

En effet, c'est bien, semble-t-il, la personne que vous cherchiez, mais elle ne vous connaît pas ! À mon avis, c'est pari nul.

TROISIÈME BUVEUR

Pas du tout, tu me dois mille francs.

DEUXIÈME BUVEUR

Pas du tout, c'est toi.

PREMIER BUVEUR, *à Gérard*

Et vous êtes musicien ?

GÉRARD

Non.

PREMIER BUVEUR

Mais cette boîte à violon ?

GÉRARD

Je transporte dedans du linge de rechange et des livres.

LE BARMAN

Ça ne m'étonne pas, il y a beaucoup de personnes qui font comme vous.

On entend le bruit des pompiers dans la rue.

LE BARMAN

Les voilà qui reviennent. Ça n'a pas été long. Ça n'a pas été un grand incendie.

PREMIER BUVEUR

Ça fait rien, c'est drôle. *À Gérard :* Vous buvez un verre ?

LE BARMAN

Dans le temps, il y avait de beaux incendies. Ainsi, quand le Bazar de la Charité a brûlé, je n'étais pas loin. Je flânais sur les quais. Tout d'un coup, j'entends des cris, du bruit et arrivent de la fumée et des pompiers. Ça, c'est un grand incendie. Il y a eu le cocher d'une marquise qui a sauvé la vie à sa maîtresse en lui relevant les jupes sur la tête et en la sortant sur ses épaules.

GÉRARD

Vous avez vu ça ?

LE BARMAN

Oui, et puis aussi l'incendie de l'Opéra-Comique et

les deux incendies du Printemps; et, pendant la guerre, à Saint-Paul. Pour l'Opéra-Comique, c'était un soir, je revenais de travailler. J'étais sur l'impériale de l'omnibus, et depuis dix minutes je regardais le ciel qui était rouge, rouge. Et dans tout Paris, on entendait les pompiers de loin. Dans ce temps-là, ils avaient des voitures à chevaux. De belles bêtes. Et ça galopait!

PREMIER BUVEUR
Ça ne fait rien, c'est une drôle de chose.
Entre Athénaïs.

PREMIER BUVEUR
Quelle belle robe, Athénaïs!

ATHÉNAÏS
Comment? C'est ma robe habituelle.

PREMIER BUVEUR
Votre robe habituelle?

ATHÉNAÏS
Mais oui.

GÉRARD
Tout est surprenant quand on voit sans regarder ou plutôt quand on regarde sans voir à moins que cela ne soit le contraire.

Premier buveur

C'est curieux, moi aussi, il me semble vous avoir rencontré… et où? et je ne sais pas où! et je sais votre nom! Vous vous appelez Gérard et vous ressemblez à mon ami Gérard, et celui-ci dit que vous êtes mort… pardon… qu'il est mort… et celui-là dit qu'il l'a rencontré voici quelques jours, qu'il avait une boîte à violon sous le bras, qu'il lui a parlé et vous voici. Vous vous appelez Gérard, nous vous connaissons et vous ne nous connaissez pas. Et pourtant, vous êtes bien lui.

Le barman

Heureusement que les fantômes n'existent pas.

Athénaïs

Je viens d'échapper au feu.

Gérard

Où ça?

Athénaïs

Dans l'incendie. L'escalier coupé. Le valet de chambre avait peur. Sautez… J'ai peur… Et vous aussi… J'aime mieux mourir… Sautez… et puis un grand trou. La foule et des lueurs. Maxime par terre près d'un matelas éventré… Il fumait sa cigarette comme si de rien n'était. C'est un homme.

PREMIER BUVEUR

C'est étrange. Où diable avons-nous pu nous rencontrer?

LE BARMAN

Vraiment, il y a eu le feu? Vous n'avez pas sauté par la fenêtre?

ATHÉNAÏS

Si, et Maxime. Toujours regarder ses étoiles de mer, puis ses mains… 1, 2, 3, 4, 5, et encore…

GÉRARD, *à part*

Ces gens sont ivres car ils croient me reconnaître, mais, bien qu'ils sachent mon nom, je ne saurais consentir plus longtemps à servir de motif à l'imagination absurde de trois alcooliques. Quant à cette jeune fille, avec son costume à la mode de grand-mère, son exaltation ne me dit rien qui vaille. J'aime les gens sains d'esprit et tranquilles. Je n'aime pas non plus ces femmes excentriques qui fréquentent des lieux de dissipation et qui affectent avec les hommes une camaraderie déplacée.

PREMIER BUVEUR, *frappant sur l'épaule de Gérard*

Vous, vous êtes un phénomène!

GÉRARD

Excusez-moi, je suis obligé de m'en aller. Au revoir, messieurs, que la nuit vous soit agréable… Adieu, mademoiselle, soyez heureuse.

TROISIÈME BUVEUR

Heureusement que les fantômes n'existent pas.

PREMIER BUVEUR

Les fantômes existent peut-être.

DEUXIÈME BUVEUR

Tu n'es pas fou ! Les fantômes exister !

ATHÉNAÏS

C'est ce bonhomme qui vient de sortir avec sa boîte à violon que vous prenez pour un fantôme ? Eh bien, un fantôme c'est pas comme ça du tout. C'est un squelette avec des lueurs vertes sur la tête et un grand linceul.

PREMIER BUVEUR

Ça ne m'étonnerait pas que ce soit un fantôme. C'est même tout à fait comme cela que j'imagine un fantôme.

ATHÉNAÏS

Parlez pas de ça, parlez pas de ça, vous me faites peur.

TROISIÈME BUVEUR

Ne faites pas attention. Il est fou ou saoul.

PREMIER BUVEUR

Soit.

DEUXIÈME BUVEUR

Il faut être complètement imbécile pour seulement supposer que les fantômes peuvent exister. C'est absurde.

LE BARMAN

Mais enfin, est-ce votre ami, ou pas lui?

DEUXIÈME BUVEUR

C'est lui. Il a voulu nous faire une blague.
Tu me dois mille francs.

TROISIÈME BUVEUR

Ce n'est pas lui. C'est un sosie qui porte son nom, et c'est tout, et c'est toi qui me dois mille francs.

LE BARMAN

Mettez-vous d'accord, coupez la poire en deux. Vous vous devez chacun cinq cents francs.

TROISIÈME BUVEUR

Eh bien! soit.

Deuxième buveur
Alors, nous sommes quittes?

Troisième buveur
Nous sommes quittes.

Athénaïs
C'est pas vrai, n'est-ce pas? Il n'y a pas de fantômes?

Premier buveur
Je n'en suis pas sûr, pas sûr du tout.

6

Une rue à l'aube. Un trottoir, un bec de gaz. L'agent se promène de long en large en tapant ses semelles et en soufflant dans ses doigts. Finalement il s'assoupit, appuyé contre le réverbère. Alors passent à la file indienne les douze garçons de café avec chacun un plateau vide en équilibre sur leur main. Ils passent sans rien dire. Puis Athénaïs. Elle s'arrête un instant : passent les trois buveurs.

Premier buveur
Bonsoir, Athénaïs.

Deuxième buveur
Bonsoir, ma belle.

Troisième buveur
Bonsoir, ma toute belle, ne rêvez pas aux incendies.

Deuxième buveur
Ni aux fantômes.

Athénaïs
Bonjour, bonsoir. Je n'ai pas envie de dormir.

Troisième buveur
Prenez garde à la nuit, ma toute belle.
Ils passent.

Athénaïs, *s'en allant du côté opposé*
Pas envie de dormir, pas envie de dormir.
Arrivent les deux pompiers.

Premier pompier
Un verre, camarade ? Un verre de vin ?

Deuxième pompier
Tous les bistrots sont fermés.

Premier pompier
J'ai soif.

DEUXIÈME POMPIER

Allons dormir, veux-tu ? Nous ne pouvons que dormir, le feu couve pour les incendies prochains. La nuit est trop calme pour ne pas se terminer par des flammes.

PREMIER POMPIER

Est-ce la nuit ? Est-ce le jour ? Je ne sais plus. Je ne sais plus.

Ils passent.

Passent alors les trois hommes en haut-de-forme et cape. Sans mot dire. Sans s'arrêter. D'une part arrive Maxime, d'autre part Fabrice.

MAXIME

Seule ?

FABRICE

À chacun son mystère.

MAXIME

Plus tard ? Toujours à demain, à la prochaine marée, à la prochaine lunaison.

FABRICE

Tous dorment.

MAXIME

Pas tous, sinon la ville serait bien belle. À force de solitude, on finit par la désirer plus totale.

FABRICE

La solitude ?

MAXIME

L'amant et la maîtresse peuvent dire quand ils sont ensemble qu'ils sont seuls.

FABRICE

Le sont-ils ?

MAXIME

Nous le sommes.

FABRICE

Mais nous ne nous aimons pas.

MAXIME

Mais « tu » ne m'aimes pas.

FABRICE

Ah ! n'insiste pas ! Tais-toi !

MAXIME

Au revoir, ma chère Fabrice.

FABRICE

Chut, silence. Cette nuit est trop calme pour s'achever sans cauchemar.

MAXIME

Hélas! Pas même de cauchemar. C'est pour d'autres sommeils que les nôtres.

Ils s'en vont… Arrivent le barman et le chasseur. Costume mi-parti de leur profession, mi-parti du civil.

LE BARMAN

Bonne journée, mon petit gars?

LE CHASSEUR

J'ai sommeil et je m'ennuie.

LE BARMAN

Misère… C'est la vie.

LE CHASSEUR

Un jour nous nous révolterons.

LE BARMAN

Oui, un jour..

Arrive Arthur.

ARTHUR

Une partie de belote, camarades?

LE BARMAN

Qui est celui-là?

LE CHASSEUR

Cette figure… je la connais…

ARTHUR

Une partie de belote?

LE BARMAN

Passez votre chemin comme nous passons le nôtre.
Ils sortent.

ARTHUR, *seul*

Pas aimables, les camarades! *Il appelle.* Camarades!
Camarades! Eh! Camarades! *Il sort en courant; dans le
lointain* · Camarades! Camarades!
Arrive Gérard.

GÉRARD

Cette nuit est bien bruyante, bien bruyante. Ces
cris : Camarades! Camarades!… Je ne sais vraiment
pas ce que je deviens.

SERGENT DE VILLE, *s'éveillant*

Que faites-vous ici?

Gérard

Je suis d'un naturel calme.

Sergent de ville

Qui êtes-vous?

Gérard

Je suis d'un naturel calme, très calme.

Sergent de ville

Vos papiers?

Gérard

Je suis d'un naturel calme, très calme, et je vais…

Sergent de ville

Pas d'histoires. Qu'avez-vous dans la boîte à violon?

Gérard

Je suis d'un naturel calme, très calme, et je vais sous les étoiles.

Sergent de ville

Vous vous moquez de moi? Prenez garde!

Gérard

Je suis d'un naturel calme, très calme, et je vais sous les étoiles et les profondeurs de la nuit.

SERGENT DE VILLE

Alors, vous ne voulez pas répondre ? Allez, venez…

GÉRARD

Je suis d'un naturel calme, et l'on ne m'arrête pas ainsi.

SERGENT DE VILLE

Hein ?

GÉRARD

Vous allez rester là, bien sage, vous m'entendez ? bien sage et sans bouger.

SERGENT DE VILLE

Vous allez voir ça !

GÉRARD

Bonsoir.

Il s'en va… tandis que l'agent reste immobile et comme figé. Un temps.

SERGENT DE VILLE, *s'étirant*

Eh bien ! Eh bien ! Qu'est-ce qui m'arrive ? Hector, voyons, tu n'es pas un peu fou ? Oh ! il faut que je me soigne, que je me repose…

Rentre Gérard. Il traverse la scène, passe devant le sergent de ville sans le regarder. Le sergent de ville le regarde, ahuri.

GÉRARD

Je suis d'un naturel calme, très calme, et je vais sous les étoiles et les profondeurs de la nuit.

Il passe.

7

La scène est tendue de velours noir. Sur une console droite, un buste antique – peu importe lequel – un buste aux yeux morts comme on en voit chez les notaires; un divan, un grand oiseau empaillé (cigogne ou flamant rose, etc.), et une mappemonde à l'ancienne, de grandes dimensions.

FABRICE

Heureux ceux qui dorment.

PREMIER HOMME

Vous êtes heureuse?

FABRICE

Ce n'est pas moi. C'est une autre Fabrice qui vit en rêve, une autre… une vie si merveilleuse. Et rien de commun avec la vie, la vie, vous m'entendez, avec son sens restreint que vous tous lui donnez. Et je voudrais dormir et rêver éternellement.

PREMIER HOMME

Mais, Fabrice, vous êtes heureuse, même dans la vie, belle… aimée…

FABRICE

Aimée! Aimée! vous osez dire que je suis aimée? Je le serai peut-être, mais mon amour et… le sien, c'est un amour de catastrophe. Tout pourrait être si simple.

PREMIER HOMME

Mais je vous aime, Fabrice, et mes deux amis aussi vous aiment! Il ne tient qu'à vous d'être heureuse.

FABRICE

Heureuse? Croyez-vous que je puisse être heureuse? Mais votre tranquillité, votre bonheur, votre félicité, mais c'est mon angoisse, ma terreur!

DEUXIÈME HOMME

De quoi avez-vous peur? Tous vous aiment. Tous.

FABRICE

Vous osez dire que tous m'aiment! M'aiment comme vous m'aimez… un amour de pacotille, de carton-pâte! De quoi j'ai peur? Pas de la vie, certes, pas des pièges de la vie, mais d'un certain ciel nuageux où volent des oiseaux de mauvais augure; peur des volontés de mon cœur et de mon âme.

S'il y avait un salut éternel, une damnation, un juge-
ment dernier, mon angoisse irait encore au-delà.
C'est d'autre chose que je m'inquiète et, pour moi,
il n'y a ni paradis, ni péchés.

PREMIER HOMME
Heureuse Fabrice ! Ni enfer, naturellement.

FABRICE
Mais vous m'exaspérez ! Ni enfer, bien sûr ! ni
enfer… Et c'est peut-être là qu'est mon angoisse.

PREMIER HOMME
Voilà des pensées qui ne m'agitent jamais. Salut
éternel, paradis ! mais c'est un sourire de vous.

TROISIÈME HOMME
Fabrice, vous avez peur de simples fantômes.
Entre Gérard.

GÉRARD
Bonjour, Fabrice, bonjour, messieurs.
Il pose sa boîte à violon contre la console du buste.

FABRICE
Bonjour… Non, je n'ai pas peur des fantômes.
Autant apprivoiser des oiseaux et ce n'est pas de cela
que je pourrais même me contenter.

TROISIÈME HOMME

Vous contenter ? Vous n'êtes jamais contente de rien ni de personne… pas seulement de vous-même.

DEUXIÈME HOMME, *à Gérard*

Monsieur, aidez-nous… Fabrice s'ennuie, Fabrice est triste et, pour cette raison, nous nous ennuyons et nous sommes tristes, nous aussi ; il faut la consoler. Elle parle de choses absurdes et dangereuses. Le paradis, le jugement dernier et le salut éternel… Que sais-je encore ?…

FABRICE

Vous, taisez-vous, vous ne comprendrez jamais rien.

GÉRARD

Moi non plus, Fabrice, je ne comprends jamais rien.

FABRICE

Vous êtes plus intelligent que les autres par conséquent.

GÉRARD

Tout le monde me connaît. Il y a même des gens que je ne reconnais pas, que je n'ai jamais vus et qui pourtant sont mes amis intimes et qui le prouvent et auxquels aucun des détails de ma vie, même le plus secret, n'est inconnu.

FABRICE

S'il ne s'agissait que de cela! Moi, je suis plus inconnue à ceux qui m'entourent que si j'étais perdue dans une île lointaine. Inconnue à tous, sauf un, et cette connaissance est précisément ce qui nous sépare à jamais.

GÉRARD

Personne n'a jamais connu personne.

FABRICE

L'amour véritable n'est cependant que cette connaissance et je vous dis qu'il me connaît.

PREMIER HOMME

Qui, il?

GÉRARD

L'amour? C'est l'illusion de la connaissance.

FABRICE

C'est elle. Et quand on croit s'être trompé, et je t'abandonne, et tu m'abandonnes… c'est d'un autre être que l'on se sépare.

GÉRARD

C'est une illusion.

FABRICE

Je vous croyais mieux que cela. Illusion ? en amour :
mais alors, qu'est-ce qui est vrai ?

GÉRARD

Je suis un être trop placide pour être connu, et mes
paroles sonnent étrangement dans ma bouche. On
a dû mal remonter la mécanique ce matin.

DEUXIÈME HOMME

Quelle mécanique ?

GÉRARD

Je suis un être placide, et il ne faut pas attacher à mes
paroles un sens trop matériel.
Il sort précipitamment.

TROISIÈME HOMME

Il a oublié sa boîte à violon.

PREMIER HOMME

Qui, il ? Qui vous connaît ?

FABRICE

Pas vous, bien sûr.

PREMIER HOMME

Fabrice !

FABRICE

Assez de secrets misérables. Vous êtes, vous étiez
mon amant!

PREMIER HOMME

Fabrice!

FABRICE

Eh bien! c'est fini. Vous êtes un être par trop encom-
brant. Oh! pas grand-chose, un caillou sur la route.
Fini, fini, m'entendez-vous? À tout jamais fini.

PREMIER HOMME

Fabrice!

FABRICE

Adieu!

PREMIER HOMME

Fabrice!

FABRICE

Adieu, vous dis-je.
Le premier homme s'en va lentement.

DEUXIÈME HOMME

Ma chère Fabrice, vous avez été dure pour lui, mais
je ne vous blâmerai pas. Il n'était pas digne de vous.

FABRICE

N'en parlons plus. Celui-là, au moins, je ne l'ai jamais aimé. Jamais. Pas de regrets. Pas de trace.

DEUXIÈME HOMME

Vous connaître? Mais je vous connais, moi. Et si bien et si tendrement. Fabrice, m'autoriserez-vous à être votre serviteur tout dévoué?

FABRICE

Vous! adieu, et tout de suite.
Sortie du deuxième homme.

FABRICE

Et vous, le dernier! Accepteriez-vous un amour tragique?
Si je vous disais : je t'aime, abandonnerais-tu tout?

TROISIÈME HOMME

Fabrice, pourquoi dramatiser ce qui est si simple? Moi aussi, je vous aime.

FABRICE

Il faut m'aimer sans partage.

TROISIÈME HOMME

C'est ainsi que je vous aime.

FABRICE

Tout quitter. Pas seulement les habitudes…

TROISIÈME HOMME

Pourquoi dramatiser? On peut s'aimer si facile-
ment… sans tragédie.

FABRICE

Parce qu'on ne peut pas m'aimer autrement.

TROISIÈME HOMME

Tu es heureuse ainsi, aimons-nous! Pourquoi veux-
tu tout compliquer?

FABRICE

Je t'en conjure! Je t'aime! Tu vois, je te le dis. Tu
quitteras tes habitudes.

TROISIÈME HOMME

Soit, Fabrice, je quitterai mes habitudes.

FABRICE

Ta fortune, ton nom, ta famille, tes amis, tes pensées
les plus familières. Je t'en supplie, partons, partons et
pas seulement changer de lieu, mais jette ton être
aux orties. Un autre homme, une autre femme et,
dans dix ou vingt ans, si ça nous amuse, nous revien-
drons voir ce que sont devenus ces cadavres.

TROISIÈME HOMME

Fabrice, c'est entendu, mais laisse-moi un délai pour régler certaines affaires.

FABRICE

La mort attendrait-elle ? C'est tout de suite, à l'instant !

TROISIÈME HOMME

Eh bien ! soit. Je t'obéis, je t'aime tant. Tu m'aimes ! Tu m'aimes ! Je suis un autre homme.

FABRICE

Imbécile ! Imbécile ! Imbécile ! Me prends-tu pour une institutrice ? Beau compagnon, ma parole, ce lâche qu'il faut persuader d'aimer. Ce n'est pas ça, l'amour ! Et tu m'as crue ! Moi, Fabrice, te supplier ! te donner des raisons ! patienter ! Ah ! va-t-en et ne te retrouve jamais sur mon chemin, entends-tu, jamais !

TROISIÈME HOMME

Si je comprends quelque chose à cette scène !...

FABRICE

Imbécile ! Imbécile !
Le troisième homme s'en va.

FABRICE

Voilà trois grotesques qui ne m'importuneront plus.
Silence.

FABRICE

Boire !
Elle sort une bouteille de derrière le buste et un verre. Elle boit
plusieurs verres coup sur coup.

FABRICE

Et maintenant, Fabrice est saoule comme la dernière
des putains. Si ces hurluberlus étaient là, ils ne man-
queraient pas de dire que c'est pour oublier mes
peines… À quoi bon… jolie Fabrice… jamais de
peines… jamais de chagrins… voilà l'amour, mes-
dames… Il faudra que j'achète des giroflées.
Des giroflées… des giroflées… non, mais ce que
c'est bête… Des giroflées, et puis aussi une grande
machine et une cabriole… Acheter une cabriole.
La jolie Fabrice est saoule comme un Polonais…
Voilà. Bonjour, comment vas-tu ?… Toujours la
même ?… Non, il y a aujourd'hui quelque chose de
changé. Et toi, toujours le même ? Oui… Alors…
Alors, tu m'aimes… je t'aime…
Silence
Non ! c'est trop drôle ! Il aime Fabrice, l'adorable
Fabrice… Non, mais tu crois que c'est vrai ?
C'est drôle… j'achèterai une cabriole et des giro-

flées… des giroflées… Non, ce que cette plante peut
être imbécile…

Elle s'étend sur le divan.

Et je dirai : donnez-moi des giroflées et non pas des
girolles… parce que les girolles, ça n'est pas des
giroflées…

Silence. Fabrice semble dormir. Elle se relève soudain.

Les girolles sont des cabrioles et pas des giroflées…
Oh ! une fontaine Wallace !

Elle se recouche, ferme les yeux.

8

*Une place ombragée d'arbres, dans un quartier tranquille. Des
chiffonniers fouillent dans les poubelles. L'aube va paraître.
Gérard et Athénaïs arrivent ensemble.*

PREMIER CHIFFONNIER

Arthur, quand tu auras fini de ficeler tes papelards
dans la matinée, viens me trouver pour m'aider à
charger le fer-blanc.

DEUXIÈME CHIFFONNIER

Y en a des masses ?

ATHÉNAÏS

C'est le jour.

GÉRARD

Ce sont les chiffonniers.

ATHÉNAÏS

Je me dépêche de rentrer.
Elle sonne à la porte.

ATHÉNAÏS

Vous m'aimez encore un peu?

GÉRARD

C'est une question?

ATHÉNAÏS

Et si je vous aimais?
La porte s'ouvre. Elle entre.

GÉRARD

Athénaïs.

ATHÉNAÏS

Bonsoir. Rentrez vite.
La porte se ferme.

PREMIER CHIFFONNIER

Ne t'embarrasse pas de la paille. La cour est pleine.

Deuxième chiffonnier
Tout de même.

Gérard
Pardon, quelle heure est-il?

Deuxième chiffonnier
On est sur le coup de cinq heures.

L'éteigneur
Bonsoir, camarades. Pas en avance ce matin.

Premier chiffonnier
T'occupe pas du chambéry-fraise. On fermera à l'heure.

L'éteigneur
Pas le temps d'en boire un? Ou plutôt autre chose?

Deuxième chiffonnier
Mais si. T'as fini?

L'éteigneur
Plus que celui-là à éteindre.

Gérard
Il y a un bistrot d'ouvert?

Premier chiffonnier
Oui. Là-bas, à droite, près de l'avertisseur d'incen-
die.

Gérard
Merci.

L'éteigneur
Vous savez, je viens de lire au bout du journal. Roc-
kefeller est mort.

Gérard
Rockefeller?

L'éteigneur
C'est un de vos parents?

Gérard
Non. Pourquoi?

Premier chiffonnier
Ses millions ne l'ont pas empêché de mourir.

Deuxième chiffonnier
Quel âge avait-il?

L'éteigneur
Quatre-vingt-sept ans.

GÉRARD

Ah ! il était si vieux que ça.

DEUXIÈME CHIFFONNIER

Vieux ou pas vieux, quand on est mort, on a le même âge que le voisin.

PREMIER CHIFFONNIER

Bonsoir. Vous venez vous en jeter un ?

L'ÉTEIGNEUR

Bien sûr.

GÉRARD

Qu'est-ce que c'est que ça ?

PREMIER CHIFFONNIER

Quoi ?

GÉRARD

Ce qui brille.

PREMIER CHIFFONNIER

C'est une vieille boîte à sardines, mon prince.

DEUXIÈME CHIFFONNIER

Sûr que ça n'est pas un diamant.

GÉRARD
Tiens, c'est drôle comme ça brille.

PREMIER CHIFFONNIER
On va boire?

L'ÉTEIGNEUR
Sûr.

GÉRARD
Allons-y.
La porte s'ouvre de nouveau. Athénaïs paraît. On sent qu'elle est presque déshabillée sous son manteau.

ATHÉNAÏS
Vous n'avez pas fini de parler sous mes fenêtres.

DEUXIÈME CHIFFONNIER
Ça vous gêne, ma petite dame?

GÉRARD
On ne parlait pas si fort.

ATHÉNAÏS
Dites-moi ce que c'est qui brille.

GÉRARD, *ramassant la boîte à sardines*
Ça?

ATHÉNAÏS
Qu'est-ce que c'est?

PREMIER CHIFFONNIER
Une boîte à sardines, ma petite dame.

GÉRARD
Quelle horreur! Jetez cela.

DEUXIÈME CHIFFONNIER
Dame. Ce n'est pas dans les poubelles qu'on trouve les diamants d'habitude.

ATHÉNAÏS
Gérard, pourquoi n'êtes vous pas encore rentré?

PREMIER CHIFFONNIER, *à l'éteigneur et au deuxième chiffonnier*
On va boire.

L'ÉTEIGNEUR
Allons-y.

DEUXIÈME CHIFFONNIER
Bonsoir, Messieurs Dames.
Ils sortent.

GÉRARD
Bonjour.

ATHÉNAÏS

Pourquoi n'êtes-vous pas rentré?

GÉRARD

Je rentre.

ATHÉNAÏS

Chez vous?

GÉRARD

Mais oui, chez moi.

ATHÉNAÏS

C'est sérieux?

GÉRARD

Où voulez-vous que cela soit?

ATHÉNAÏS

Bien sûr.

GÉRARD

Voulez-vous? Voilà le matin. Allons faire un tour.

ATHÉNAÏS

Il fait froid.

GÉRARD

Nous boirons des verres dans les petits bistrots qui viennent d'ouvrir. Il y a de la buée sur les carreaux.

ATHÉNAÏS

De la buée?

GÉRARD

On lave par terre. Ça sent bon le café. Les ruisseaux sont clairs. Le ciel est ruisselant de lumière.

ATHÉNAÏS

Gérard. On lave par terre. Et ça sent l'ignoble café des bistrots. Et les ruisseaux. Quel programme !

GÉRARD

Évidemment. C'est bien ce que je pensais.

ATHÉNAÏS

Vous pensiez quoi ?

GÉRARD

Que vous ne m'aimiez pas.

ATHÉNAÏS

Ah, non ! changez de conversation.

GÉRARD

C'est vrai. Il fait froid. Athénaïs, allez vous coucher.

ATHÉNAÏS

Et vous?

GÉRARD

Moi aussi, je vais me coucher.

ATHÉNAÏS

Chez vous?

GÉRARD

Oui, où voulez-vous que cela soit?

ATHÉNAÏS

C'est juste… Pourtant… si vous voulez… venir coucher sur le canapé du salon.

GÉRARD

Non.

ATHÉNAÏS

Qu'est-ce que cela peut faire?

GÉRARD

C'est bien ce que je pensais.

ATHÉNAÏS

Oui, oui, je sais, je sais.

GÉRARD, *il lui tend la main*

Donc, bonsoir.

ATHÉNAÏS, *le tirant par la main*

Allons, venez, ne faites pas la mauvaise tête.

PREMIER CHIFFONNIER

Ils sont rentrés, les deux amoureux ?

DEUXIÈME CHIFFONNIER

T'en fais pas pour eux, ils ne doivent pas s'embêter.

L'ÉTEIGNEUR

S'embêter ? On ne sait jamais ce qu'on trouve dans ces occasions-là.

DEUXIÈME CHIFFONNIER

Fais pas le dégoûté, toi. Tu voudrais bien être à la place du petit copain.

L'ÉTEIGNEUR

Moi ? Ah, non, alors ! Fini les femmes. Mon lit, c'est pour dormir, tiens. Pas plus tôt la tête sur l'oreiller…

PREMIER CHIFFONNIER
Nous bourre pas le crâne, tu veux ?

L'ÉTEIGNEUR
Je vous bourre pas le crâne.

PREMIER CHIFFONNIER
T'es comme les autres.

DEUXIÈME CHIFFONNIER
Bonsoir, camarade.

CONCIERGE
Bonsoir, Messieurs.

PREMIER CHIFFONNIER
Monseigneur, Monsieur le Marquis, nous avons l'honneur de vous souhaiter le bonjour.

CONCIERGE
Bon, bon.
Dites donc, quand vous ramassez vos ordures, vous pourriez ne pas en laisser devant la porte.

DEUXIÈME CHIFFONNIER
Nos ordures. Nos ordures. C'est aussi bien les vôtres.

L'ÉTEIGNEUR
Et puis, ce n'est pas eux qui l'ont jeté là.

CONCIERGE

Alors, c'est le pape.

PREMIER CHIFFONNIER

Non, c'est une des locataires de Votre Seigneurie.

CONCIERGE

Mes locataires ne ramassent pas les ordures, bien sûr.

DEUXIÈME CHIFFONNIER

Si, même qu'elle est rentrée avec un petit jeunot.

CONCIERGE

Ce que font mes locataires ne me regarde pas.

L'ÉTEIGNEUR

Blagueur. Comme si tu ne lisais pas les lettres au lieu de les distribuer.

CONCIERGE

Plaisantez tant que vous voudrez. Moi, ce que je veux, et j'y tiendrai la main, c'est que vous ne souilliez pas mon trottoir avec vos détritus.

PREMIER CHIFFONNIER

Si ça ne fait pas mal au ventre d'entendre des boniments comme ça... son trottoir... nos détritus...

DEUXIÈME CHIFFONNIER

Laisse tomber, va… viens.

Ils sortent tous. Le concierge rentre.

9

La chambre de Maxime. Vide. La fenêtre ouverte. La rue silencieuse. Très rarement le bruit d'une auto.

Long silence, très long silence. Puis la pendule sonne une heure quelconque.

Soudain, on frappe à la porte. D'abord normalement. Quelqu'un attend derrière cette porte, puis s'impatiente et refrappe plus fort, encore plus fort, appelle.

VOIX DE FABRICE

Maxime!

On frappe.

Maxime! Maxime!

On frappe.

Ouvre-moi!

On frappe. Silence.

Maxime!

Puis un silence qui n'en finit pas.

RIDEAU

Petit carnet
de mise en scène

Michel Arbatz, écrivain
et metteur en scène

Robert Desnos, un homme libre

Le traumatisme de la Première Guerre

Robert Desnos est né en 1900 à Paris. Son père vendait des volailles aux Halles, et toute son enfance a été bercée par les cris des marchands de quatre saisons de ce quartier encore populaire à l'époque, et rempli de bistrots.

Desnos était un élève indiscipliné, mais très imaginatif. Le poème de Jacques Prévert «Le cancre», que vous connaissez certainement, serait un bon portrait de lui. Très tôt, Desnos se passionne pour les romans d'aventure, le Moyen Âge, et se met à écrire des poèmes.

Il a à peine quatorze ans quand éclate la Grande Guerre. Il n'y participe évidemment pas (à la différence de ses aînés, André Breton, ou Aragon, qu'il rencontrera plus tard), mais à l'occasion d'un voyage scolaire en Angleterre, il croise à Boulogne un convoi de soldats blessés rapatriés : cette vision est un choc qu'il n'oubliera jamais.

La Première Guerre mondiale a laissé des millions de morts et de mutilés. Desnos, comme toute une jeunesse de cette époque, est profondément révolté. Sa sympathie se tourne d'abord vers les anarchistes, qui proposent le renversement de l'État par l'action directe et violente. Il rencontre ainsi Rirette Maîtrejean et quelques anciens de la bande à Bonnot (un anarchiste guillotiné pour plusieurs attentats meurtriers). Mais les « actions violentes » de Desnos se bornent à voler quelques saucissons et renverser des poubelles dans les portes cochères des beaux quartiers, avec son ami Henri Jeanson, qui deviendra plus tard écrivain et journaliste comme lui.

Dada et la révolution surréaliste

Desnos est aussi attiré par « Dada », un mouvement artistique lancé par l'étudiant suisse d'origine roumaine Tristan Tzara, qui organise des « événements » très provocateurs. Les dadaïstes rédigent des tracts ou donnent des anti-conférences qui attaquent l'ordre établi. Ils s'expriment dans un langage désossé, qui tourne en dérision le sérieux des aînés. « Mangez de bons cerveaux / Lavez votre soldat /

dada / dada / Buvez de l'eau», recommande ainsi une chanson dadaïste de Tzara.

Derrière la violence verbale, on sent le doute profond provoqué par la guerre sur la valeur du langage et de la morale. Que signifient la liberté et la fraternité au regard des millions de morts enterrés dans les tranchées?

Au retour de son service militaire au Maroc, en 1922, Robert Desnos se rapproche du groupe surréaliste créé par André Breton.

Les surréalistes ont été influencés par Dada; mais là où Dada se bornait à dénoncer et à provoquer, eux veulent une véritable révolution dans la création artistique : liberté totale d'exploration de la vie, s'inspirer du langage des rêves, peindre ses fantasmes, associer dans l'écriture les choses les plus inattendues, sans aucune censure.

Les surréalistes découvrent ce qu'ils appellent l'écriture automatique. André Breton et Philippe Soupault rédigent ensemble *Les Champs magnétiques*, un texte composé jour après jour dans un état de rêve éveillé, en acceptant de transcrire toutes les associations qui leur traversent l'esprit, le plus vite possible, sans aucun souci de cohérence.

Robert Desnos est vite adopté par le groupe surréaliste. Au cours de séances organisées de «sommeil» hypnotique, il se révèle un prodigieux inventeur d'images. Dans un état second, il déclame en improvisant des poèmes, des récits fantastiques et des jeux de mots savoureux.

Mais Robert est aussi un grand fêtard ; il participe à cet élan immense de soif de vivre qu'on appelle les « années folles », dont le cœur est le quartier parisien de Montparnasse. Le jour, il fait des petits boulots qui lui permettent de survivre. Le soir, il fréquente les bars et les music-halls, il chante, danse et... boit beaucoup. C'est aussi un assidu des salles de projection qui se passionne pour les premiers pas du cinéma muet.

Une histoire d'amour malheureuse

Dans ce quartier de Montparnasse, il tombe éperdument amoureux de la chanteuse belge Yvonne George, une personne très magnétique, au grand talent de comédienne. Yvonne est une « diva », qui n'a aucune attirance pour les hommes. Cependant elle est fascinée par le poète Robert Desnos.

Entre eux commence une relation compliquée, faite d'admiration réciproque, d'amitié du côté d'Yvonne, d'amour passionné et impossible du côté de Robert Desnos. Cette relation dure jusqu'à la disparition de la chanteuse.

La femme, l'amoureuse à qui Robert Desnos s'adresse pendant toutes ces années dans ses textes, c'est Yvonne George. Dans *La Place de l'Étoile*, le personnage de Fabrice est inspirée d'elle ; son prénom, étrangement masculin, est un écho du prénom masculin – George – qu'Yvonne avait choisi comme nom de scène.

Yvonne George meurt en 1928 (un an après l'écriture de la première version de *La Place de l'Étoile*). Elle s'est beaucoup droguée (opium, héroïne) et a ruiné sa santé. Elle a tout juste trente ans quand la tuberculose l'emporte. Plus tard, Desnos rencontre Youki, sa compagne jusqu'à sa mort.

Il poursuit un travail de journaliste et produit beaucoup : peintures, nouvelles, poèmes, scénarios. Il devient un des pionniers de la radio à laquelle il travaille de 1932 à 1938 et acquiert une grande maîtrise dans l'art du dialogue. *La Place de l'Étoile* peut d'ailleurs être considérée comme une pièce radiophonique.

Desnos, le résistant

Après la capitulation du gouvernement de Vichy en 1940, Desnos, démobilisé, reprend son poste de journaliste à *Ce soir* et entre dans un réseau de résistance. Il ne cache pas ses opinions anti-nazies, et gifle un jour en public un journaliste collaborateur. Robert Desnos est une sorte de voyant. En 1943, comme s'il devait déjà faire les comptes de sa vie, il écrit un roman, *Le vin est tiré*, qui parle du milieu opiomane et de l'empire de la drogue. Le personnage principal de Barbara est sans doute inspiré lui aussi par Yvonnes George. Il reprend aussi le texte de *La Place de l'Étoile* en 1944, très peu de temps avant son arrestation par la Gestapo.

Son réseau de résistance a été dénoncé. La veille, les murs de Paris se sont couverts des affiches d'un film dont il a signé les dialogues, au titre prémonitoire : *Bonsoir Mesdames, Bonsoir Messieurs*.

Desnos commence alors une longue marche de déporté qui le mène de camp en camp, refusant toujours d'être humilié, encourageant ses compagnons par ses récits, ses poèmes et ses « consultations » – il lit dans les lignes de leurs mains. Il invente ainsi un avenir à ceux qui pensent ne plus en avoir et proclame une dernière fois le pouvoir de l'imagination. Il meurt, épuisé par le typhus, au camp de Térézin, quelques jours après la libération de ce camp, le 8 juin 1945.

L'esprit de « La Place de l'Étoile »

Cette petite introduction à la vie de Robert Desnos vous permettra peut-être de mieux comprendre l'état d'esprit de notre pièce.

On y trouve d'abord la révolte, le mépris des conventions et de l'ordre établi. Les représentants de l'autorité y sont tournés en ridicule, mais aussi les « Français moyens » de l'époque, comme les piliers du bistrot qui essayent de séduire Fabrice.

Ridiculiser le gendarme et le mouton, c'est dans la tradition de la farce populaire. Mais dans cette pièce surréaliste, s'ajoutent la liberté absolue de l'imagination et l'abolition des frontières entre le rêve et la réalité. C'est ce ton très libre, détourné de la banalité, qui provoque notre plaisir et notre rire. Toutes sortes d'événements inimaginables (une bagarre sans aucune raison apparente, une pluie d'étoiles de mer, un incendie qui s'arrête comme par enchantement, une discussion avec un client dont on se demande s'il est vivant ou fantôme) se produisent comme des phénomènes tout à fait normaux.

Cet esprit très libre, il faudra en trouver l'équivalent dans la manière de jouer les personnages, d'inventer l'espace de jeu, de choisir des accessoires...

Inutile donc de nous embarrasser avec la logique. En même temps, tout se passe dans un cadre très ordinaire : un café, un appartement, la rue.

Enfin, cette pièce nous rappelle certains rêves où les personnages se côtoient, vivant chacun dans leur monde, sans jamais se rencontrer vraiment. Car c'est bien la difficulté à rencontrer l'autre qui est au centre des préoccupations de chacun des quatre personnages principaux.

Peut-être Desnos a-t-il projeté une part de son propre drame, de sa difficulté à rencontrer hors du rêve la femme qu'il aimait ? En tout cas, ce qui nous intéresse, nous, comédiens, c'est de trouver les moyens pratiques de traduire cette difficulté de communication entre les personnages.

Comment se préparer ?)

Lire la pièce

La première chose à faire est de lire ensemble l'intégralité du texte, à haute voix, en se répartissant les rôles. L'un d'entre vous peut être chargé de lire toutes les « didascalies » – les indications de scène ou de jeu d'acteurs insérées dans les dialogues.

Avant de mettre en scène, il faut mettre en bouche, apprivoiser le texte, car souvent des détails importants nous échappent à la première lecture. Il vaut donc mieux lire et relire.

Dans un premier temps, lisez tranquillement, « à plat », sans vouloir donner un ton ni une intention précise à chaque réplique. Cette façon de faire contrarie peut-être votre impatience, mais il y a toujours plusieurs manières de traiter une réplique ou un ensemble de répliques ; il est encore trop tôt pour en choisir une.

Faire chauffer la «machine à parler»

Notre machine à parler, la voix, comprend plusieurs composantes : le souffle, les cordes vocales et la bouche. Le souffle est l'énergie qui fait marcher la machine, les cordes vocales produisent le son de base, et la bouche module ces sons en voyelles et consonnes.

Ces trois composantes, nous les utilisons souvent à un faible pourcentage de leur capacité. Il existe des exercices très simples pour les développer.

Le souffle

Développer le souffle se fait très naturellement par l'effort physique : courir, sauter à la corde, faire des mouvements rapides mobilise notre souffle. Nous respirons souvent par le haut du thorax, avec une très petite amplitude. Faites ensemble un petit 100 mètres, et observez votre respiration : elle est haletante, bien sûr, mais elle mobilise toute la machine respiratoire et descend beaucoup plus bas dans le ventre que d'habitude. C'est une piste à suivre, qui nous rapproche d'une respiration plus large et naturelle.

Une autre manière d'explorer le souffle est de s'amuser à « chuchoter très fort » un texte. Pour cela, répartissez-vous aux extrémités de votre salle de travail, et tâchez de vous faire entendre d'un bout à l'autre en échangeant quelques répliques à tour de rôle.

La voix

Développer la voix (le travail des cordes vocales) est une discipline de longue haleine, c'est le mot qui convient. Mais cela ne doit pas nous empêcher de commencer à explorer ce domaine, avec un principe de base : ne jamais forcer notre voix. C'est le souffle qui nous donne de la puissance, pas la gorge.

Le larynx, qui contient nos cordes vocales (en fait, deux fines membranes disposées en « V ») doit chercher sa souplesse.

Quelques exercices : imiter en groupe le son d'une sirène (du très grave au très aigu et inversement), mais bouche fermée (cette position évite toujours de forcer sur la voix). Imiter de même une sonnerie de trompette, le son de la cornemuse (très nasal), et tous les cris imaginables d'animaux. Cela doit se faire en mouvement, pour solliciter le souffle et jamais la voix seule, et sous la direction de l'un d'entre vous qui lancera les propositions les unes après les autres.

La diction

Comme le souffle, nous n'utilisons notre appareil à « mâcher les mots » qu'à très bas niveau. Le plus souvent, nous marmonnons, nous avalons nos mots. C'est dommage. La clarté de la diction est un plaisir de la bouche pour celui qui dit, et un plaisir de l'oreille pour celui qui écoute.

Nos muscles « parleurs » – la langue, et les muscles qui activent nos lèvres – sont paresseux. On peut les réveiller avec quelques jeux à pratiquer collectivement.

Le crayon

Prenez un crayon de bois ordinaire (de diamètre courant, pas trop gros). Mettez-le en travers de la bouche comme le mors d'un cheval, tenez-le avec les dents et lisez votre texte avec la plus grande application.

Variante de cet exercice : tenez le crayon non plus en travers de la bouche, mais entre les incisives supérieures et inférieures, comme un cigare.

Dans les deux cas l'effet est comique : vous parlez

comme des benêts ou des édentés. Mais surmontez le ridicule quelques minutes. Puis retirez votre crayon et relisez le même texte. Vous verrez que le résultat est frappant, presque magique.

On peut prendre aussi au pied de la lettre l'expression « tourner sept fois sa langue dans sa bouche ». Le faire sept fois en nous léchant les lèvres de l'intérieur dans le sens des aiguilles d'une montre, puis en sens inverse. Essayez de plus en plus rapidement. Cette petite gymnastique donnera des résultats spectaculaires à votre groupe si vous la pratiquez au moins quelques minutes chaque jour.

Comment aborder) la mise en scène du texte ?

La question des décors

En lisant la pièce, on est étonné par l'importance des détails concernant les différents décors. C'est presque un synopsis de cinéma. Faut-il tenir compte de tous ces détails ? Plutôt que s'y tenir au pied de la lettre, il vaut mieux chercher les moyens les plus simples pour traduire l'atmosphère étrange sans s'encombrer d'un grand nombre d'objets.

Au théâtre on peut faire comprendre beaucoup avec trois fois rien. Si je me pose la question : « Quelle heure est-il ? » en regardant à mon poignet une montre imaginaire, personne ne sera troublé du fait que je n'ai pas de montre. Tout le monde adhérera à ma question, à condition évidemment que j'ai moi-même la conviction totale que je regarde une vraie montre.

Prenons un autre exemple, dans *La Place de l'Étoile*, cette fois. Scène 5, quand Gérard entre, il porte une boîte à violon. Rien ne nous empêche de lui faire tenir à la main :

– une silhouette de boîte à violon découpée dans un morceau de carton et miniaturisée,

– un écriteau portant l'indication « boîte à violon » avec une poignée,

– un carton à chapeau, une boîte à chaussures ou une grosse boîte de conserve, munis de poignées.

Toutes ces solutions sont valables, d'autant que le texte dit plus loin : « Mais cette boîte à violon ? » Et Gérard répond : « Je transporte dedans du linge de rechange et des livres. » Nous sommes en pleine fantaisie, et si le spectateur ne reconnaît pas dès son entrée la boîte à violon, la révélation, un peu plus tard, de ce qu'elle est, le fera sourire.

De la même manière, dans la scène 8, nous pouvons

très bien doter chacun des deux chiffonniers d'une pince à épiler ou d'un crochet et leur faire ramasser de minuscules objets invisibles par terre ou... en l'air. Quelle importance, puisque Gérard dit presque aussitôt : « Ce sont les chiffonniers » ? Le spectateur aura compris, et sera d'autant plus surpris.

On peut généraliser ce principe à toute la pièce : plus on donne à inventer au spectateur, plus il sera heureux. Il faut simplement s'assurer qu'on lui donne bien les clefs (par le texte ou le contexte, par la clarté des gestes des acteurs) pour qu'il ne fasse pas fausse route.

Pour ne pas s'embarrasser de matériel, on peut exercer l'imagination à trouver les solutions les plus légères et les plus surprenantes aux questions que posent les scènes de *La Place de l'Étoile*. On examinera ces questions dans le détail, mais on peut déjà proposer globalement différents styles de réponse.

Tirer parti des accessoires

Comment figurer les différents décors – le café, la chambre de Maxime, la rue... ?

Tout peut se jouer avec quelques chaises et une ou deux tables de bistrot. Les chaises ou les tabourets sont les accessoires de base des exercices de comédien.

On peut à volonté en faire une voiture, un tank, un tracteur, un abri, une prison, une armure ou... un partenaire de danse. La liste est loin d'être close et vous pouvez vous amuser à la compléter, à titre d'exercice, en essayant chaque proposition.

Dans *La Place de l'Étoile*, les chaises peuvent figurer... les chaises du bistrot ou le fauteuil de Maxime évidemment, un divan (en les réunissant), mais aussi le rebord de sa fenêtre, ou des lances à incendie pour les pompiers. Des chaises empilées, retournées les unes sur les autres, c'est aussi une manière de dire qu'il est tard, ou très tôt le matin (la scène 8).

Deux paravents ou panneaux (ou rideaux de tissu) de part et d'autre, dans le fond de votre espace de jeu peuvent aussi délimiter un second espace, plus lointain, qui aide à séparer des actions simultanées (Maxime, Athénaïs et Arthur peuvent « sauter » pendant l'incendie à travers cette ouverture, tandis que les pompiers arrivent par les coulisses). C'est une manière simple de provoquer l'imagination du spectateur.

Comment faire savoir qu'il s'agit du bar, d'un salon, ou de la chambre de Maxime ? Il peut suffire de l'écrire sur un panneau à la manière des cartons blanc sur noir des vieux films muets (« Un peu plus tard », « Le soir même »...). Un acteur peut même apporter ces panneaux, les montrer au public et les annoncer à haute voix, comme monsieur Loyal au cirque.

Une bande-son ?

Comment traiter les nombreuses didascalies qui concernent des sons extérieurs à la scène ? Desnos, qui travaillait à la radio, est gourmand d'illustration sonore (chansons sur le phonographe, voitures, trompe de pompiers, cor de chasse, sonnerie d'horloge).

Aujourd'hui il est assez facile de réaliser une bande-son car il existe dans le commerce des CD de bruitages de toutes sortes. Mais cette bande-son n'est intéressante que si elle apporte un supplément d'étrangeté à l'atmosphère de la pièce, surtout si on n'utilise presque aucun décor.

D'un point de vue « cuisine » du plateau, elle peut donner le temps aux comédiens de quelques changements d'accessoires ou de costumes, mais il vaut mieux d'abord épuiser toutes les solutions avant d'utiliser la bande-son comme une béquille.

Il faut choisir les moments pour faire intervenir cette bande-son en se posant à chaque fois la question : est-ce que cela apporte vraiment quelque chose ? Car ce n'est pas toujours le cas. Ainsi, dans la scène 5, il est plus simple de faire dire au barman : « J'entends les pompiers qui reviennent», que de le faire réagir à une illustration sonore.

La bande-son permet enfin d'intégrer des musiques comme des pauses utiles au rythme de l'ensemble, une sorte de ponctuation entre les scènes. Elle permet de laisser «résonner» dans l'esprit du spectateur l'action qui vient de se passer ou de renouveler son attention. Mais comme tout rafraîchissement agréable, il ne faut pas en abuser.

Quelques exercices de comédien adaptés à «La Place de l'Étoile»

Il y a dans *La Place de l'Étoile* un mélange d'éléments très quotidiens (les dialogues de café par exemple) et de propos qui semblent tenus par des personnages somnambules. Ces décalages de ton et de style font le charme de cette pièce et souvent son humour.

Vous pouvez donc exercer vos talents d'imitateur et d'«imaginateur» pour donner de la vie à vos personnages sur plusieurs plans.

La démarche

Imitez les démarches de personnages très différents par l'âge, par l'humeur, par la position sociale (un enfant qui commence à marcher, un ado sportif, une petite racaille, un proviseur irascible, un chauffeur livreur pressé, une star de cinéma arrivant devant les photographes, un homme qui vient d'apprendre qu'il a une très grave maladie, une très vieille dame faisant son marché…)

Vous pouvez organiser cet exercice comme un défilé de mode. Le meneur de jeu aura une longue liste de personnages préparée à l'avance et appellera un par un les acteurs qui devront traverser la scène en proposant leur version (muette) du personnage.

La clef de la réussite est d'imaginer être vraiment le personnage et non d'essayer de le copier par un détail.

Une partie du groupe peut simplement regarder et prendre des notes pour retenir les propositions les plus intéressantes. Vous trouverez ainsi des attitudes physiques que vous pourrez donner à certains des personnages de la pièce.

On essayera d'éviter au maximum les attitudes trop convenues, ou « téléphonées ». Par exemple, l'homme qui vient d'apprendre une grave nouvelle ne va pas forcément prendre un masque de tragédie grecque. Il suffit de donner des indices de son accablement par le corps : il marche lentement, avec hésitation, sans énergie, ses épaules sont un peu voûtées, il regarde vers le sol. De même, la petite vieille peut être joyeuse, mais ses mouvements sont ralentis par l'âge, elle peut marcher vivement tout en étant cassée en deux, etc.

Le ton

Vous avez constaté aussi des registres et des tons de parole très différents dans la pièce. On y trouve, dans la bouche d'un même personnage, des paroles très directes, extériorisées, par exemple : « Tu l'as eu mon poing sur la gueule, espèce de saligaud ! », ou au contraire, complètement intérieures, comme si le personnage se parlait à lui-même : « Oh, vous savez, le feu et moi nous sommes de bons camarades. »
On peut s'entraîner à dire ces répliques sur des tons très différents. Voici deux exercices utiles pour explorer les différentes manières d'interpréter un texte.

« 1, 2, 3, 4, 5, etc. »

Choisissez une saynète simple à jouer par deux d'entre vous : une déclaration amoureuse, une dispute à propos d'un objet volé, l'annonce par l'un à l'autre d'une nouvelle grave. Avant l'exercice, vous devrez préciser entre vous chacune des situations. Par exemple, quelle nouvelle grave ? Qui sont les deux personnages : des parents, des amis, des collègues de travail ? Quel est leur âge, leur situation sociale ?

Ensuite, il s'agit de jouer la scène avec pour seul texte l'énumération des nombres de 1 à l'infini. Tout le monde connaît ce texte par cœur ! Vous pourrez ainsi vous concentrer entièrement sur les attitudes physiques et le ton que vous donnez à chacune des répliques.

Changez les partenaires de ces duos, et désignez un scribe (ou une script ?) qui prend des notes sur les différentes propositions de jeu.

La partition d'orchestre

Prenez, dans la scène 5, la longue série de répliques (il y en a quatorze) où les trois buveurs font l'inventaire de tous leurs déboires dans cette « chienne de vie » (« Sentir son pied glisser sur le dos d'un crapaud », etc.). Trois acteurs se répartiront les répliques. Choisissez ensemble des intentions différentes pour dire cette série :

– en haranguant comme des marchands de quatre saisons vantant leurs articles (camelot)

– en râlant comme une file de voyageurs proteste contre la lenteur des services à un guichet de gare (rouspéteur)

– en déclamant comme des hommes politiques en campagne électorale (orateur)

– en se consolant mutuellement comme des commères (ou compères) parlent de leur chat disparu (pleurnichard)

Vous pourrez inscrire avant de commencer la liste de toutes les propositions résumées en un mot : colérique, indigné, résigné, emphatique, complètement blasé, confidentiel (en chuchotant), lyrique (en imitant des chanteurs d'opéra), etc. Essayez toutes les versions, notez les plus efficaces.

Vous pouvez aussi essayer de dire ces répliques à l'unisson à partir de ces mêmes propositions, comme un chœur antique, ou en vous « marchant progressivement sur les pieds » (chaque comédien empiétant de plus en plus sur la réplique du précédent) et même jusqu'à parler tous en même temps.

Tous ces exercices vous permettent d'expérimenter l'interprétation comme un musicien cherche les différentes manières d'exécuter une partition.

Il y a toujours plusieurs manières de jouer une scène ou un fragment de scène. De même, ce n'est pas parce qu'une réplique exprime la tristesse, le doute ou la colère qu'il faut la jouer au premier degré de façon triste, dubitative, ou colérique.

Le rythme

Le rythme est la dernière chose importante dans le jeu des scènes. La pièce est longue, il faut donc varier les tons pour ne pas lasser le spectateur, mais aussi varier le rythme. Jouer tout rapidement, en pensant que le résultat sera plus enlevé, est une erreur, parce que la monotonie peut aussi s'installer dans la rapidité.

On verra dans le détail des scènes les moments qui se prêtent à la vivacité, ceux au contraire où il est intéressant de jouer « au ralenti » ou avec des temps de silence (Desnos en signale lui-même à plusieurs endroits).

Le théâtre est de l'action parlée

Si tout le théâtre n'était fait que de dialogues, on s'ennuierait bien vite. Observons nos semblables quand ils parlent : ils sont toujours affairés à mille gestes.

– des gestes utilitaires (pendant qu'on parle, on fait

souvent autre chose : activité ménagère ou profes-
sionnelle)

– des actions tournées vers l'autre (par exemple, une
mère parle à son enfant en le baignant ou en l'ha-
billant, un coiffeur parle à son client tout en lui cou-
pant les cheveux)

– des gestes tournés vers soi-même (parler tout en se
maquillant, en s'habillant, en se frottant le menton,
en nettoyant ses verres de lunettes, en jetant un œil
sur le journal, ou encore certains « tics » personnels
que nous avons tous, etc.).

Tous ces gestes parlent de notre état intérieur. Une
bonne part du travail des acteurs est de nourrir leur
personnage, précisément, de ces « actions ».

Dans *La Place de l'Étoile*, il est facile d'imaginer que
les buveurs… boivent, mais aussi jouent aux cartes
ou lisent leur journal, que le barman essuie un verre
(le même indéfiniment).

Mais rien n'oblige à traiter ces gestes de manière
réaliste. On peut essayer plusieurs manières fantai-
sistes de jouer aux cartes (sans cartes, par échange
de signes de la main, comme la langue des sourds et
muets, avec des mimiques particulières). Évidem-
ment, ces gestes donneront de la vie aux person-
nages dans la mesure où ceux-ci diront leur texte
sans rien arrêter de leur activité. Ou alors, s'ils l'ar-
rêtent, c'est pour marquer une émotion particulière.

Dialogues simultanés

Souvent, plusieurs dialogues se poursuivent dans le même temps entre différents groupes de personnages. Ainsi, à la scène 3, les trois buveurs se chamaillent autour de l'existence des fantômes et de la mort présumée d'un de leurs amis. Au même moment, Fabrice éconduit un à un les trois « hommes » qui essaient de la séduire.

La scène est montée comme au cinéma, on a l'impression que la « caméra » a suivi Fabrice vers le bar au moment où elle entame un dialogue avec Maxime, dans lequel Athénaïs intervient ensuite. Que font les acteurs qui sont exclus du dialogue pendant ce temps ?

Il faut leur éviter de « rester en carafe », en leur trouvant un moyen simple, concret, de poursuivre leur existence de personnages, même si le viseur n'est pas pointé sur eux et s'ils n'ont rien à dire. En même temps, ils doivent rester « branchés » sur ce qui se passe à côté d'eux de façon à intervenir.

Il existe plusieurs possibilités. Les actions dont on vient de parler peuvent leur permettre de garder le silence de la manière la plus naturelle. Mais attention, ils doivent insérer leur réplique dans le dialogue « parallèle » avec vivacité, sous peine de tuer le rythme de cette scène !

On peut aussi imaginer que leurs actions se poursuivent tout d'un coup au ralenti quand ils se taisent, et s'accélèrent quand ils parlent.

Plus lisible encore pour le spectateur : ils deviennent figés comme les cires du musée Grévin, ce qui peut produire un effet comique. Cela peut être aussi la solution pour faire entrer et sortir Athénaïs dans la scène 8. S'immobiliser peut être facilement interprété comme « sortir du jeu ».

N'est-ce pas ce que nous avons tous fait, enfants, en pensant qu'il suffit de ne plus voir pour ne plus être vu ?

La distribution des rôles

Il y a vingt et un personnages dans la pièce, mais tous n'ont pas la même importance. Les personnages principaux sont Fabrice, Maxime, Athénaïs et Gérard. Si vous voulez donner en représentation *La Place de l'Étoile*, il est préférable de faire porter plusieurs rôles par un même acteur. Vingt et une personnes, ça n'est pas facile à faire tenir dans des coulisses, et c'est une équipe bien lourde.

Des éléments simples de costumes ou d'accessoires (chapeaux, manches de pull, postiches, lunettes, éventuellement perruques) vous permettront de distinguer deux personnages interprétés par le même acteur.

Les caractéristiques physiques des personnages n'ont dans cette pièce aucune importance. Vous pouvez permuter les rôles de manière à ce que chacun fasse des propositions de style différentes. D'ailleurs, on dit qu'un comédien connaît bien son rôle quand il sait aussi par cœur les répliques de ses partenaires.

À la limite, même Maxime et Gérard peuvent être joués par la même personne. Vous remarquerez qu'ils ne sont ensemble dans aucune scène, comme deux facettes d'un même homme.

Voici un petit tableau des personnages qui peuvent être joués par un même comédien, ce qui réduit le nombre des acteurs à onze ou dix, selon qu'on adopte ou non la solution unique pour Maxime/Gérard.

Le même acteur ou la même actrice peut jouer (par ordre d'entrée en scène) :

– Le barman/l'éteigneur
– Le premier buveur/le premier pompier/le premier chiffonnier.
– le deuxième buveur/le second pompier/le second chiffonnier
– le troisième buveur
– le chasseur/le premier homme
– Maxime
– le consommateur/Arthur/le deuxième homme

– Fabrice

– Gérard

– Athénaïs

– Le policier (sergent de ville/agent)/le troisième homme.

En ce qui concerne la parité, on peut très bien attribuer certains rôles masculins à des filles. Le théâtre est un domaine d'invention et de liberté. Dans le Japon ancien, où le métier d'acteur était réservé aux hommes, ceux-ci jouaient tous les rôles féminins. Sarah Bernhardt, grande actrice du XIXe siècle, joua l'Aiglon, et on peut trouver bien d'autres exemples de ce genre dans l'histoire du théâtre.

Analyse détaillée des scènes

J'ai donné des titres à chacune des scènes car ils évoquent mieux le contenu de ces scènes que des chiffres. Mais ce choix est personnel, et vous pouvez trouver vos propres titres.

Première scène : Bagarre au bar (exposition)

C'est une scène d'entrée vive, de comédie. Deux questions à résoudre pour cette scène :

1. La bagarre. Comment la traiter ?
On peut s'entraîner à simuler une vraie bagarre. Mais on peut aussi la jouer « à distance », chaque protagoniste envoyant son coup de loin, et l'autre le recevant également de loin (c'est d'ailleurs un exercice de théâtre de base). On peut aussi la jouer au ralenti, ce qui a un effet comique assuré.
Les deux dernières solutions, irréalistes, sont plus proches de l'esprit de la pièce.
2. Il y a une différence très nette d'atmosphère entre le dialogue Maxime/Fabrice et les échanges entre buveurs à la fin de la scène, bien que les deux soient imbriqués. On a déjà parlé de ce problème plus haut.

Scène 2 : Chez Maxime, l'étoile de mer

1. Il faudra trouver des solutions simples au jeu de la fouille de la chambre (peut-être retourner sans cesse les mêmes chaises dans tous les sens ?) et à celui de l'invasion de la chambre par des centaines d'étoiles de mer (peut-être des sacs-poubelles bourrés d'objets invisibles qui finiront par encombrer la scène).

2. Question de rythme : il y a une alternance de moments vifs et lents. À vous de les trouver et de bien les enchaîner.

Scène 3 : Fabrice et les buveurs / Maxime-Athénaïs

Même difficulté d'imbrication entre les dialogues des buveurs et du barman d'un côté, et celui des trois hommes essayant d'approcher Fabrice, de l'autre. Alors que la première partie de la scène est très animée, on peut ralentir le rythme au moment de l'échange entre Athénaïs et Fabrice. D'ailleurs est-ce vraiment un échange ?
Il semble qu'Athénaïs n'entende même pas les paroles de Fabrice. On peut isoler ce passage par un artifice : que tous les autres personnages se figent pendant cet échange. C'est une façon de les mettre hors-jeu et d'accentuer l'isolement d'Athénaïs.

Scène 4 : L'incendie

On a déjà proposé des solutions aux problèmes de scénographie de cette scène dans la partie concernant les décors. L'image de la grande échelle passant devant la fenêtre n'est qu'une image, on peut la sauter. L'essentiel est dit plus tard dans le dialogue des pompiers («ça brûle en dessous et au-dessus, mais pas ici»).

En revanche il faut soigner le bruitage d'ambiance (trompes de pompiers, brouhaha de la foule) auquel tous les acteurs en coulisses peuvent participer (attention à ne pas couvrir les voix de ceux restés en scène).

Scène 5 : Qui est Gérard?

Cette scène est remplie de fantaisie et de rêverie. Vous trouverez la solution la plus efficace pour la longue énumération des ennuis de la vie, qui est un morceau de bravoure, et finit par un long silence.

Le passage du récit des incendies d'autrefois aussi est un moment plus lent. Tout le monde dans cette scène semble rêver.

Scène 6 : Le petit matin

Pour simplifier la distribution, on peut faire dire les trois répliques des pompiers par les buveurs, ce qui n'est pas dénué de sens.

Le passage des trois hommes (on n'est pas obligé de les affubler de hauts de forme et de capes) est intéressant, comme une image de rêve. Il faut leur inventer une démarche peu réaliste (mécanique, au ralenti, ou une sorte de danse ?). D'ailleurs toute la scène n'est faite que de passages. On pourrait tenter de les faire défiler immobiles (ils peuvent tous se déplacer par talons-pointes), comme les figurines d'un carrousel, et se succéder de façon ininterrompue.

Scène 7 : Personne n'a jamais connu personne

C'est la scène la plus difficile à traiter, parce que très «bavarde». Il faut trouver une «action» pour les trois hommes, quelque chose qui parle de leur distance, de leur faux intérêt pour Fabrice. On peut, par exemple, les positionner chacun comme devant un miroir, ne regardant que le reflet d'eux-mêmes et ajustant sans cesse les détails de leur costume en même temps qu'ils parlent. Même lorsqu'ils se font éconduire, on peut les faire surjouer, c'est-à-dire «en rajouter» sur leur fausse douleur. À leur côté, Gérard semble se poser de vraies questions.

À l'inverse des trois hommes, on peut au contraire jouer Fabrice se saoulant à «contre-emploi», lui faire dire sa tirade à mi-voix et avec beaucoup de douceur, comme en effeuillant une marguerite ou en se faisant une tresse, ou encore comme si elle récitait une comptine.

L'effet sera peut-être bien plus émouvant que si on

la joue titubant, avec une diction pâteuse, et amère ou désespérée.

Scène 8 : Gérard et Athénaïs

Toutes les didascalies parlant de la porte (elle sonne, elle entre, la porte se ferme, elle ressort) peuvent être remplacées par le mime et un simple accessoire (un foulard ou une voilette) qui servira à Athénaïs pour s'isoler du monde extérieur. Elle restera immobile tout le temps qu'elle est « chez elle », c'est-à-dire debout dans un coin de la scène, jusqu'à ce qu'elle « ressorte » en dévoilant à nouveau son visage. C'est une proposition, non la seule.

De même les chiffonniers et l'éteigneur peuvent ralentir leurs mouvements (une variante du « musée Grévin ») pendant les dialogues entre Gérard et Athénaïs, pour mettre en valeur l'intimité de ce dialogue et ne pas la contrarier.

Scène 9 : Une porte fermée

Ici, il ne faut pas craindre la longueur des silences. Seul le silence installe l'émotion. Au fond, cette mini-scène résume bien des choses dites dans cette pièce sur la difficulté de se rencontrer. Elle sera d'autant plus efficace que la fin de la scène précédente aura été légère.

En guise de conclusion)

La Place de l'Étoile est une pièce qui met en scène des thèmes universels : la difficulté de communiquer entre les êtres, la soif d'absolu des amoureux.

Il n'est pas nécessaire d'avoir les moyens d'une superproduction pour en faire un spectacle à la fois touchant et brillant. Il faut faire confiance à l'imagination, c'est la grande leçon de Robert Desnos. Lui-même, en déportation, réussit, dans des conditions terribles, à redonner courage à ses compagnons d'infortune en inventant chaque jour leur avenir dans les lignes de leurs mains.

« Cela existe parce que je l'ai rêvé » pourrait être la devise des acteurs qui interprètent ce texte. Or tout le monde sait que nos rêves utilisent des raccourcis très simples et très expressifs en même temps. Vous pourrez vous-mêmes trouver des sens multiples à chaque scène car chacune possède plusieurs « secrets ».

Ainsi, dans l'expression « la place de l'étoile », on peut entendre :

– Le plus grand carrefour de Paris où brûle la flamme du Soldat inconnu, en souvenir des soldats morts dans la terrible guerre de 14-18.

– La place de l'étoile de mer : «… je ne peux pas la prendre, je vais abîmer ses branches en dansant, garde-la chez toi» dit en substance Fabrice à Maxime. Et on peut entendre dans « étoile de mer », « l'amour que tu me donnes ».

– La place d'une « étoile » (une star, Yvonne George) dans la vie de Robert Desnos.

– La place de l'étoile que portaient, en signe d'infamie et sur ordre des nazis, les Juifs pendant l'Occupation : sur le cœur.

La Place de l'Étoile a été très peu jouée. Vous êtes donc aussi les « redécouvreurs » de l'œuvre d'un grand poète à qui on commence seulement à rendre la place… qu'il mérite.

Clément Harari, qui monta la pièce après la Seconde Guerre mondiale, en parle avec humour (dans un texte de la revue *Simoun paru* en 1956) :

« Je nous revois tous les vingt entassés pêle-mêle, avec nos costumes et nos petits décors, dans la cage à lapins du théâtre des Noctambules. Soixante-quinze représentations… quelque six cents spectateurs en tout et pour tout. Le soir de la dernière, nous avons bu un demi chacun, et la recette totale était engloutie […]. La direction du métropolitain fit enlever toutes nos affiches de l'enceinte du métro, car les caractères bleu et blanc de *La Place de l'Étoile* pouvaient induire en erreur les usagers du métro. Robert Desnos eût bien ri de cette cocasserie.» (A l'époque, la RATP s'appelait «Direction du métropolitain», et le nom des stations se lisait en blanc sur le fond bleu de grandes plaques en acier émaillé.)

Autres titres de la collection

Jacques Prévert, *À perte de vie*
Jacques Prévert, *Le Beau Langage*
Raymond Queneau, *En passant*
Jean Tardieu, *Finissez vos phrases!*
Jacques Prévert, *Le Bel Enfant*
Roland Dubillard, *Le Gobe-douille et autres diablogues*
Marcel Aymé, *Trois contes du chat perché*
Ionesco, *Le roi se meurt*
Rudyard Kipling, *La Comédie de la jungle*

Loi n°49-956 du 16 juillet 1949
sur les publications destinées à la jeunesse
ISBN 2-07-054703-5
Numéro d'édition: 01383
Numéro d'impression : 57402
Dépôt légal: novembre 2001
Imprimé sur les presses de la Société Nouvelle Firmin-Didot